中國傳統

佛菩薩畫像大典

壹 諸佛卷

編繪 釋心德

文物出版社

圖書在版編目 (CIP) 數據

中國傳統佛菩薩畫像大典 : 五卷 / 釋心德編繪. --
北京 : 文物出版社, 2020.8
　　ISBN 978-7-5010-6457-1

　　Ⅰ. ①中… Ⅱ. ①釋… Ⅲ. ①佛像－中國－圖集②菩
薩－中國－圖集 Ⅳ. ①B949.92-64

　　中國版本圖書館CIP數據核字 (2019) 第284086號

中國傳統佛菩薩畫像大典

編　　繪：釋心德

校　　對：趙蔚瑛　王少軍　陳樂燊

責任編輯：王　偉

責任印製：張　麗

出版發行：文物出版社

地　　址：北京市東直門內北小街 2 號樓

網　　址：http://www.wenwu.com

郵　　箱：web@wenwu.com

印　　刷：雅昌文化（集團）有限公司

版　　次：2020 年 8 月第 1 版

印　　次：2020 年 8 月第 1 次印刷

開　　本：889mm×1194 mm　　1/8

印　　張：192

書　　號：ISBN 978-7-5010-6457-1

定　　價：3400.00元（全套五冊）

畫 家 簡 歷

　　釋心德，字昌元，俗名姚元貴。1964年生於山東鉅野。1984年隨上佛下庵法師在濟南千佛山出家。同年到蘇州靈巖山學習，1986年考入北京中國佛學院，隨著名工筆人物畫家線鶴汀先生學習工筆人物，并臨摹了大量的傳統名畫。1990年畢業後專攻佛菩薩畫像。1992年在青島舉辦個人畫展。1994年受到深圳弘法寺上本下煥大和尚約請，爲弘法寺畫大型水陸畫。1997年在深圳博物館舉辦《百幅觀音寶相》個人展，同時出版《觀音寶相》畫冊。2004年再次於深圳博物館舉辦《諸佛菩薩聖像大觀》大型畫展。

　　現任山東省藝術美學研究會常務理事，北京工筆重彩畫會會員，中國人才研究會藝術家學部委員。曾任深圳市政協第四屆常委，深圳市佛教協會副秘書長，深圳弘法寺堂主等。

序　言

佛陀聖像的形成與發展

　　人類藝術之最高峰，是透過絕對的無我境界，而融化於宇宙間的一種無言的緘默，這種超於物我的理念，唯有宗教與藝術的陶融，才能説出一點人類精神的真實。佛教藝術是由自心覺悟，而用各種方法顯示出來，使他人得到同樣的體悟。

　　人生以宗教的時間是最純淨的，以宗教的空間是最莊嚴的，二者融攝，置身其中，實爲一大和諧的境地。佛教是以殿堂、佛像、寺院、佛塔等藝術創作來提供觀想力，藉以感通其宗教精神。

　　殿堂是佛教禮佛誦經、修建法會的地方，不同之殿堂，供奉着不同之主尊，尊像的莊嚴以含藏悲智的神韵，方爲藝術完美創作。佛教徒藉此創作之聖像，從肅然禮敬中，内心忘却世塵，呈現出一種純淨的心境，漸漸進入“能體所體性空寂，感應道交難思議”的不可思議的境界。

　　“佛法在世間，不離世間覺。”爲了使佛法能融入俗世家庭，小的供像（包括雕、塑、畫）便不斷出現。由於不同的人對不同的物質感受有異，因此藝術家、畫家利用各種物質，諸如玉、銅、木、陶、金、紙、絹、布、墻等，本其教義創作出各種聖像造型，令人因觀像而生敬仰之心，無意中融化爲高尚情懷，當較冗長文字，別具影響的特色。

　　人處於有漏的世間，常常希望以一種永恒不變的物質，來雕繪出代表完美至善的佛菩薩像。石——正具備了堅固、恒久不壞的特質，因此宗教藝術家往往選擇石作爲創作的材料，同時佛教徒希望佛菩薩常住世間，因而在各地大量開鑿出石窟。又因敬仰佛陀的體性廣大無邊，故有鉅型石像的創作。

　　中國寺院多建於名山大川，所謂“天下名山僧占多”，因爲寺院是進行宗教活動的場地，所以必須選取幽清寧静的環境，以美化人心，使其有“一經入佛寺，皆以成佛道”之感。寺院古建築多取材於天然的木和石作爲結構物質，以透視出對本然生命的安頓。而於叢林寺廟的布局，却是依據了“勤修戒定慧，皈依佛法僧”的教義而建成。不同宗派，其寺院之設計亦略有差異，此無非助其宗教生活的提昇。

　　佛塔是佛陀之法身舍利，象徵着崇高人格精神的完成，也是佛教藝術之母。在中國佛塔建築多高聳雲霄，而内部則可供人層層上進，四顧外望——代表着佛法修行的漸進，同時可遍觀十方大地一切蒼生，充分表現出大乘佛教的自利、利他精神。

　　佛教繪畫是通融并建立在以上諸藝術的綜合，它是藝術的昇華，人格、道德修養的重要體現，使人們能通過形體的引導而昇華到忘我境界，也是引發人們逐步了解自我，完善自我，徹悟無我的重要途徑。

據《增壹阿含經》卷二八，聽法品中載有："釋尊成道後昇三十三天爲母說法日久，地上的信徒們思慕仰渴釋尊，就連那烏陀延那王（優填王）也十分思念釋尊，所以他就用牛頭栴檀木造像，以示釋尊。"這也就是較普遍認爲優填王造像最早的記載。同時還有波斯匿王造金像的叙述。

五世紀我國遍游印度的法顯法師在《法顯傳》中，七世紀的玄奘法師在《大唐西域記》中，皆詳載此事。有同樣記載的還有《大方便佛報恩經》卷三、《佛三昧海經》、《大乘造像功德經》等書，也相繼記載了優填王和波斯匿王造像的經過，并愈後愈詳。對以上這些書所記載的事例，我們後代在沒有物證的情況下，就成了比較權威的依據，也得到了很多專家學者的默認，并經常被人引用。以上諸經記載，雖不完全相同，但大同小異，可信程度很高。由此推論，佛雕像出現於釋尊時代，可謂是有一定根據的。

由於以上諸經記載，現今確又無實證可考，具體的佛像是否真正出現於釋尊時代，異説紛紜，亦有很多學者認爲佛像在釋尊時代是不會出現的。理由有兩個方面：一、查無實證。二、諸多的佛教雕像中故意不顯露佛的尊容，而以聖樹、輪寶、佛足迹、經行處、佛座等以示佛存在，如現存的《帝釋窟説法圖》和《禮佛世尊圖》等都能説明這一點。更有甚者，就是在《十誦律》中説："佛身像不應作。"小乘奉此爲金科玉律者也。查印度實情和佛教教理教義，釋尊時代無雕刻佛像應爲事實。因從佛陀到阿育王時期還是以塔婆、蓮花、菩提樹等代表釋尊的，所以到公元前三世紀，印度還沒有佛像出現，亦被大部分學者所公認。同時佛教受婆羅門教和耆那教及外族入侵等影響，佛雕像出現於公元一世紀左右，已有史證實證可考。

以上説明佛雕像出現於釋尊時代，已屬不可能，但佛畫像出現於釋尊時代是否有可能呢？

據《根本説一切有部毗奈耶雜事》卷十七載："給孤獨長者施祇園精舍後，作如是念，若不彩畫，便不莊嚴，佛若許者，我欲裝飾。即往白佛，佛言，隨意當畫。聞佛聽已，集諸彩色，并喚畫工。報言：'此是彩色，可畫寺中。'答曰：'從何處畫，欲畫何物？'報言：'我亦未知。'當往問佛，佛言：'長者，於兩頰應作持杖藥叉，次旁一面作大神通變，又一面作五趣生死輪，簷下畫本生事，大小行處畫死屍，房中畫白骨骷髏。'是時長者，從佛聽已，禮足而去。"此記載顯然表明，佛教畫起源於釋尊時代，并爲佛親口所宣。從文義雖有可能渲染，但後世的諸多壁畫事實中，確實是這樣的布局和程序。至於是否真正出自佛口，"信"以上所載則爲事實，"不信"也無源頭可考和相異的證據。

又漢譯《有部毗奈耶》卷四五、四六所載一則故事，大意是"影勝王得到魯德拉耶那（仙道）王的貴重禮物後，想以佛畫像作爲回禮，於是命畫工畫佛的姿態，然光華四射的佛姿使畫工所無法捕捉。因此從佛之教，擺好畫布，描繪投射在畫布上的影像，再加上顏色，如此纔完成畫像"。《賢愚經》卷三也有更深一層的故事説："畫師畫不出佛的姿容來，佛親自畫，但畫出的是過去佛。"

《有部雜事》載："有一比丘在檐下沐浴，把壁畫濕壞了。佛於是告他説：可於寺內一角面向佛而爲澡浴。"《有部雜事》卷三八載："佛滅度後不久，大迦葉爲未生怨（阿闍世王）設了方便，在一堂裏畫了代表八相圖的（如來）一生所有化迹，以此來表示佛涅槃了。"鑒於這些記載，佛雕像是否出現於釋尊時代尚不敢定論，但佛教畫像出現於釋尊時代，可以説是有理由成立的。

釋迦如來像：除了有佛陀所具有的本願、內證的手印外，他一定有肉髻、螺髮、白毫等，身披通肩或偏袒右肩的長大衣。這些微幟，以至於逐步定型。

肉髻：（螺髻）梵名烏瑟賦沙，佛頂有肉團如髻，狀名肉髻，即三十二相中"無見頂相"也。早期印度佛教造像中，大都沿用肉髻這個名詞。按周叔迦解釋："'肉髻'就是佛陀頭頂高起的肉塊如髻。"按日本高田修博士的解釋，則是把頭髮圓盤的一個髮型。根本没提到肉塊或像《佛教實用詞典》中所解釋的肉團説法。更有甚者，在印度，"肉髻""螺髮"是兩個名詞，而到了中國干脆就叫作"螺髻"了。如《中國歷代服飾研究資料》中，即把"肉髻""螺髮"混起來叫"螺髻"，而且還加了定義説："先用絲將頭髮束縛起來，再盤成'螺殼'形狀就叫'螺髻'，蓋其形而命其名。"而且這種髮型尤盛於唐代，昔白居易《繡阿彌陀佛讚》就有"金身螺髻，玉毫紺目"的形象描寫。更盛於武則天時代，中唐詩人張籍在《崑崙山》一詩中曾寫道："崑崙家住海中州，蠻客將來漢地遊……金環欲落曾穿耳，螺髻長卷不裹頭。"由以上可以看出"螺髻"的叫法在中國已相當普遍，也很流行，但這"螺髮""肉髻"混起來叫，似是錯誤。所以我認爲佛頂部高起來的地方就叫"肉髻"可能是佛頂有一高出頭皮的肉塊，這肉塊上邊又長有頭髮，就可以叫成"肉髻"了，其餘的可叫成"螺髮"，在一般人頭上是很少有肉塊的，用頭髮纏起來叫成"螺髻"，也就順其自然了。

頭髮：很多學者認爲，代表希臘藝術的犍陀羅佛雕像中，佛的頭髮是波浪狀的寫實手法爲主流的，亦間有螺髮，但一般認爲是後期的雕像。而在代表印度佛教藝術的摩突羅方面，則是以螺髮和光頭爲主流的。如按剃除須髮出家的原則，光頭應該是對的，佛陀亦不應例外。但在佛的三十二相中的，第十七相説："'旋髮紺青'和二十五相中頂有肉髻相。"八十種好中，第七十六條説："長髮好，七十七；髮不亂好，七十八；髮旋好，七十九；髮如青珠好"等。後期雕繪佛像中都説明佛陀是有頭髮的。剃除須髮高田修解釋爲：釋尊出家時拔劍剃去須髮，到後來在頭髮上又恢復了王子的髮型。

白毫：如來三十二相之一。嘉祥大師在《法華義疏》中説："智度論出小乘人解白毫相云：'舒之即長五尺，卷之即如旋螺'。"《觀佛三昧經》説："爲太子時長五尺，樹下時長一丈四尺五寸，成道時一丈五尺，舒之表裏有清澈的白净光明，置之便之净光，而卷縮在兩眉間。”在《佛本行經》中有所謂：“眉間白毫右旋，婉轉具足柔軟清净光輝。”以上説明，白色柔軟的細毛生於兩眉之間的曰白毫。早期在雕繪佛像中都是用白點代替，後期則用紅點代替，觀音畫像，以及畫家們所繪的仙女、仕女中也常用此紅點於眉心，稱之爲“美人痣”。

口髭：就是指口上邊的胡子，在犍陀羅和我國早期的敦煌壁畫中，佛菩薩帶有口髭的現象都曾多次出現。但代表印度傳統的佛像藝術的摩突羅方面則無此例。

威儀：應佛教各個場面的需要，對行、住、坐、卧有適當的儀容，這在佛教中都能表現出來，如佛之像，兩足稍微分開，直立地站着，臉微向上，通肩穿着大衣，多數是右手施無畏印，左手執一衣襟（衣角）的儀容。坐像，則一般是結跏趺座，這種坐法是瑜伽禪定的姿勢，諸佛坐像的差異，只能在手印上區別出來。兩脚外露是摩突羅的特色，犍陀羅則是把脚包起來。卧像，就是專指右手托腮、左手踏胯的佛涅槃像。

手印：禪定印是在肚臍下，右手叠壓在左手之上，手心向上。轉法輪印是站立，把兩手在胸前對向，掌心向內，偏袒右肩，表示要説法的意思。施無畏印：舉右手舒五指向外者。觸地印：右手垂到膝下，手掌向下握起的手勢，四指屈起來，大拇指伸指地面。有關手印，正像衆所周知的那樣，密宗多用之，并有多種多樣的姿勢，而形象化定型的，最初只是佛陀在各種場合下的不同手勢。

着衣：衆所周知，佛教出家比丘，有三衣的規定，佛陀也不例外。三衣，即僧伽梨（大衣）、鬱多羅僧（上衣）、安陀會（內衣）。大衣是用一塊布表示，把全身包覆起來，上有特徵性的衣褶。穿法是從右腋下上來，覆蓋左肩，轉向背後，再從右肩包到前面來，挂在左肩，把其末端從左腋下拉起來，用左手拿着，這就是通兩肩的穿法。把覆蓋的衣服稍微松開，右手從衣襟處伸出，把右肩露出來，就是偏袒右肩。一般在乞食、經行、禪坐等場合作通肩。在禮拜和説法等禮儀場合作偏袒右肩，以表示僧尼的威儀。大衣通肩的情形，在舉起作施無畏印的右手腕上呈袖狀口，立像時垂到膝下，相對地坐像時垂到身體的前面散開。通常立、坐像都一樣用，左手握住某段附近，在頸子的周圍把大衣的上緣重叠且反轉形成一種襟形。而立像時從大衣的衣裾一多半可以窺見其下裙，還有立、坐像是從舉起的右手的（袖口）下面可以看到內衣的一部分，這是比較常見的犍陀羅風格。而在摩突羅的偏袒右肩像中，衣着都很薄，胴體和臂脚還有其下所穿着的裙和帶，都是透明可見的，這是最大區別於犍陀羅的特徵，也是純印度傳統的表現手法。

衣褶：在犍陀羅大衣所做的褶綫，以左肩爲起點，形成獨特的褶曲綫，然上半身偏於右邊，以右肩爲重點，做幾乎平行而比較寬緩的彎曲綫。立像時這些褶綫在肚臍下身體的中心綫上移動，即兩脚中間，形成幾個鋭角的深曲綫。坐像時，其大衣垂到前邊的部分，覆蓋在跏座的兩腳之上，把兩腳露出來的部分，從腳上把大衣的下緣部托出，在臺座的上邊散開，衣服的處理是非常自然合理的。這大衣的褶法是受希臘的影響，同時也是犍陀羅突出的特點。從肩胸腹到兩腳沿着肉身的起伏，形成流暢、自然的褶綫。褶綫粗而褶紋深表現得相當強烈，衣服厚重，有重量感，這些寫實的表現手法，在菩薩像以下的諸像中有其共同特色。

摩突羅的風格是用平行綫條來表示衣服，透薄且貼身體，衣褶主要集中垂挂在左肩和右肩的部分，其他部分，幾乎不做衣褶。在立像，除下半身有細細的淺綫外，其他都是表現堂堂體軀之輪廓，和肌肉鼓起的胸部，以及深陷的肚臍立像上，帶子、腰衣等大多數的例子都是直接表現出來。只有從右裾提上來垂挂於左手，垂下帶狀的衣端和垂在兩腳的裙子，即"朵帖"的末端，很清楚地看到褶綫，腰以下是我們在前面所提到的淺斜綫，由這些來稍作強調其着衣，裙圍也多多少少地表示衣服的厚度。菩薩立像，下半身的部分也類似於此，強而有力的褶綫把這天衣表現得厚且重，也可以看到在腰的地方把成束的天衣結起來的變化。坐像，貼身的衣服幾乎沒有任何褶綫，近乎所謂的裸像，只有從右肩斜向右腋下的流綫衣緣和畫在脛中部位的裙裾之綫，可知那是穿着衣服的。以上說明代表印度刻畫手法是近於裸體的一種淺刻畫手法，也是摩突羅的主要特徵。

卍：此卍字在佛陀的胸部，代表吉祥圓滿，其源於希臘愛普羅神胸部，是"馬"的象徵。佛教卍字是佛的三十二種大人相之一，位在佛的胸前。又在《大薩遮尼乾子所說經》卷六，說是釋迦尊的第八十種好相，位於胸前。在《十地經論》第十二卷說："釋迦菩薩"在未成佛時，胸臆間即有功德莊嚴卍字相。這就是一般所說的胸臆功能相。但是在《方廣大莊嚴經》卷三：說佛的頭髮也有五個卍字相。在《有部毘奈雜事》第二十九卷，說佛的腰間也有卍字相。"卍"字僅是符號，而不是文字。他是表示吉祥無比，稱謂吉祥海雲，又稱吉祥喜旋。《大般若經》第三百八十一卷說，佛的手足及胸意前有吉祥旋，以表佛的功德。

卍字的符號，有向右旋──卐；有向左旋──卍。據《慧琳音義》第二十一卷及《華嚴經》等共有十七處說到卍字是右旋。但《陀羅尼集經》第十卷所示，摩利支天像所拿的扇子中所畫的"卐"字是左旋──卍。還有日本奈良的藥師寺的藥師佛像腳下的卍字，也是左旋。最早在印度的主神，毘濕笯及克利辛那，胸前就有卍字。在古印度的傳說中，凡能統治世界的轉輪聖王，都具有三十二種大人相，此在《金剛般若經》中就有記載。

在近代，右旋左旋，時有爭論。而大多數認為右旋是對的，左旋是錯的。尤其是在二十世紀的四十年代，歐洲的希特勒，也使用卍字相來作為納粹主義的標識。此後，即有更多的爭論，有的說希特勒所用的是左旋，佛教所用的是右旋。其實在武則天時代，曾經創造了一個字──卍，念作"日"字，象徵太陽的意思，就是左旋，希特勒使用的是斜角

形的 "卐"，佛教則是使用正方形的卍。至於印度教則以右旋表示男性的神，左旋表示女性的神。而西藏的喇嘛教用右旋，棒教 "boh-Pa" 則用左旋。

根據日本士館大學島督博士的研究，卍字本非文字。公元前八世紀時，始見於婆羅門教的記載，乃是主神毘濕笈的胸毛，是稱爲 "vatsa" 的記號而非文字，至公元前三世紀始被用於佛典。到了公元後一世紀時，又更名爲 "svastiko"，本爲牛犢頭部的毛髮螺旋相，演變成主神毗濕笈的胸毛相，後稱爲十六種大人相之一，又稱爲三十二種大人相之一。

總之，在佛教不論左旋右旋，卍字均係用來表示佛的智慧與慈悲無限的象徵。旋（回）表示佛力的無限運作，向四方無限地延伸，無盡地展現，無休止地救濟十方無量的衆生，故不須執着揣摩卍字的形象表相是右旋還是左旋了。

佛教繪畫：人們普遍地認爲佛教的繪畫，大致有兩大課題：一是佛教畫中的人物，二是佛教畫中的思想内容。佛像，是佛教繪畫的重要内容，在十方三世無數諸佛之中，宗教家、畫家把經常被人們所稱道的佛，用繪畫的形式表現出來，以供瞻覲禮拜之用，這便是佛畫像的由來。如我們常見的繪成圖畫的佛像有現世的釋迦佛，未來的彌勒佛，過去的燃燈佛，西方的阿彌陀佛，東方的藥師佛，五方佛，八十八佛等，還有釋迦佛的應身、報身、化身，等等。

一切佛像都具備了三十二相、八十種好。從其形體、容貌、莊嚴、相好來説，都是相同的，這也就是我們常説的千佛一面。如何區別不同的佛像，主要是從其手印的姿勢和表法的器具來辨認。如釋尊的法像、降魔像、禪定像之不同，右手舉以食指與大指做環形，餘三指微伸是説法相；右手平伸，五指撫右膝上，是降魔像；以右掌壓左掌仰置足上，當臍前是禪定像；阿彌陀佛是以壓右掌置足上，掌中置寶瓶或蓮花；藥師佛像是垂伸右手，掌向外，以食指與大指夾一藥丸或塔。以上是常見的集中佛像特徵。像五方佛、七寶如來、八十八佛等手印各有不同，此不詳述。

佛像量度：按《造像量度經》所説："如來身高一百二十指。"周叔迦釋爲一百二十分（以下便按分計算）。立佛：肉髻高四分，由肉髻之根至髮際也長四分，面長十二分，頸長四分，頸下到心窩即與兩乳平爲十二分，由心窩到臍爲十二分，由臍至胯爲十二分，如是上身量度，共爲六十分，當全身之半。胯骨長四分，股長二十四分，膝骨長四分，脛長二十四分，足踵長四分，以上是下身量度，也是六十分，亦當全身之半。形象寬廣的量度，由心窩向上六分外，橫量至腋爲十二分，由此下量至肘爲二十分，由肘向下量至於腕爲十六分，由腕向下量到中指尖爲十二分，共六十分，相當於全身之半。左右合計，等於全身之量度。坐像的量度，上身與立像相同，由胯下更加四分是結跏雙趺交會處。由此向下再加四分是寶座的上邊。由趺會向上量至眉間白毫，即以其長爲兩膝外邊的寬度。兩踵相距是四分，這就是畫佛造像的量度。

目 录

圖版

一、華嚴三聖

　　即華嚴經所指華藏世界之三位聖者。1.毗盧遮那佛，毗盧遮那意爲遍一切處。謂佛之煩惱體净，衆德悉備，身土相稱，遍一切處，能爲色相所作依止，具備邊際真實功德，是一切法平等真實性；即此自性，又稱法身。2.普賢菩薩，以其居伏惑道之頂，體性周遍，故稱普；斷道之後，鄰於極聖，故稱賢。3.文殊師利菩薩，文殊師利意爲妙德。以其明見佛性，具足法身、般若、解脱三德，不可思議，故稱妙德。毗盧遮那佛理智完備，居中位；文殊菩薩主智門，立於毗盧遮那佛之左；普賢菩薩主理門，位於毗盧遮那佛之右。

　　關於三聖之關係，據澄觀所著《三聖圓融觀門》載，三聖之內，以二聖爲因，以如來爲果，然因果德超越言語思維，故宜自“二因”悟解之；若悟二因之玄微，則知果海之深妙。《新華嚴經·卷三》謂，《華嚴經》中以佛果不可説，故以文殊、普賢二菩薩爲説主，其中以能信之深心爲文殊，所信之法界爲普賢。蓋文殊勤修，成法身之本智；普賢大行，稱差別智之行德。故以文殊、普賢配合毗盧遮那佛，共爲華嚴三聖，利樂一切有情。

二、釋迦三尊

在古代，釋迦三尊有一定形式，即釋迦佛與阿難、迦葉二聲聞弟子，後來又有稱釋迦佛與文殊、普賢爲釋迦三尊者。

阿難，佛陀的十大弟子之一。全名阿難陀，意譯爲歡喜、慶喜、無染。是佛的堂弟，出家後二十五年爲佛的常隨弟子，善記憶，對於佛陀所說之法，多能朗朗記誦，故譽爲多聞第一。阿難天生容貌端正，面如滿月，故雖已出家，却屢遭婦女之誘惑，然阿難志操堅固，終得保全梵行。

於佛陀前未能開悟，佛陀入滅時悲而慟哭；後受摩訶迦葉教誡，發憤用功而開悟。於首次結集經典會中被選爲誦出經文者，對於經法之傳持，功績極大。初時佛陀之姨母摩訶波闍波提欲入教團，是阿難從中斡旋，終蒙佛陀許可，對比丘尼教團之成立功勞至鉅。

迦葉，全名大迦葉，摩訶迦葉。又作迦葉波，迦攝波，意爲飲光。爲佛十大弟子之一。付正法眼藏爲第一祖。生於王舍城近郊之婆羅門家。於佛成道後第三年爲佛弟子，八日後即證阿羅漢境地，爲佛弟子中最無執着之念者。人格清廉，深受佛陀信賴，於佛弟子中曾受佛陀分予半座。佛陀入滅後，成爲教團之統率者，於王舍城召集第一次經典結集。直至阿難爲法之繼承者，遵佛囑於鷄足山入定，以待彌勒佛出世，傳佛僧伽梨衣，方行涅槃。

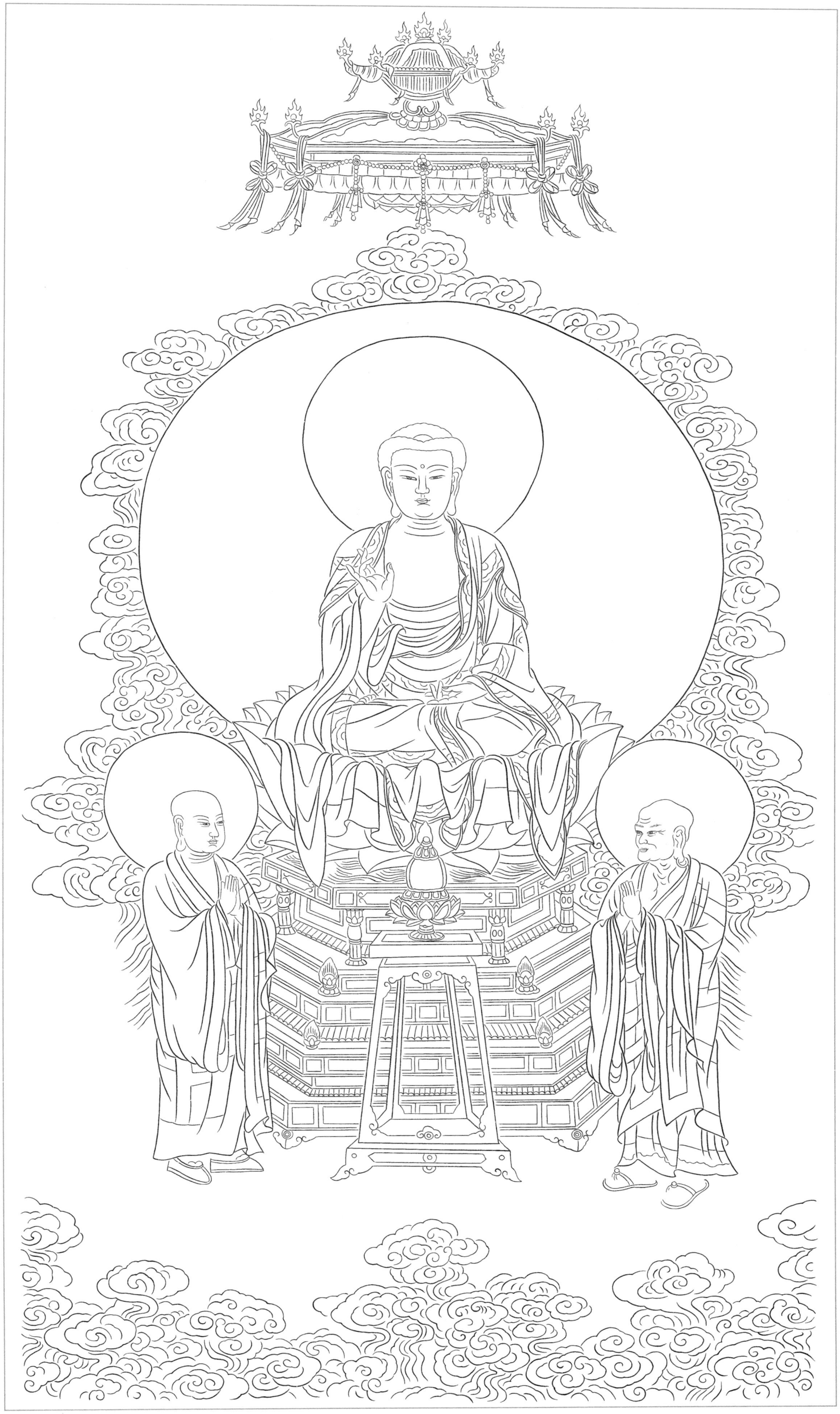

五、釋迦三尊像之二　文殊菩薩

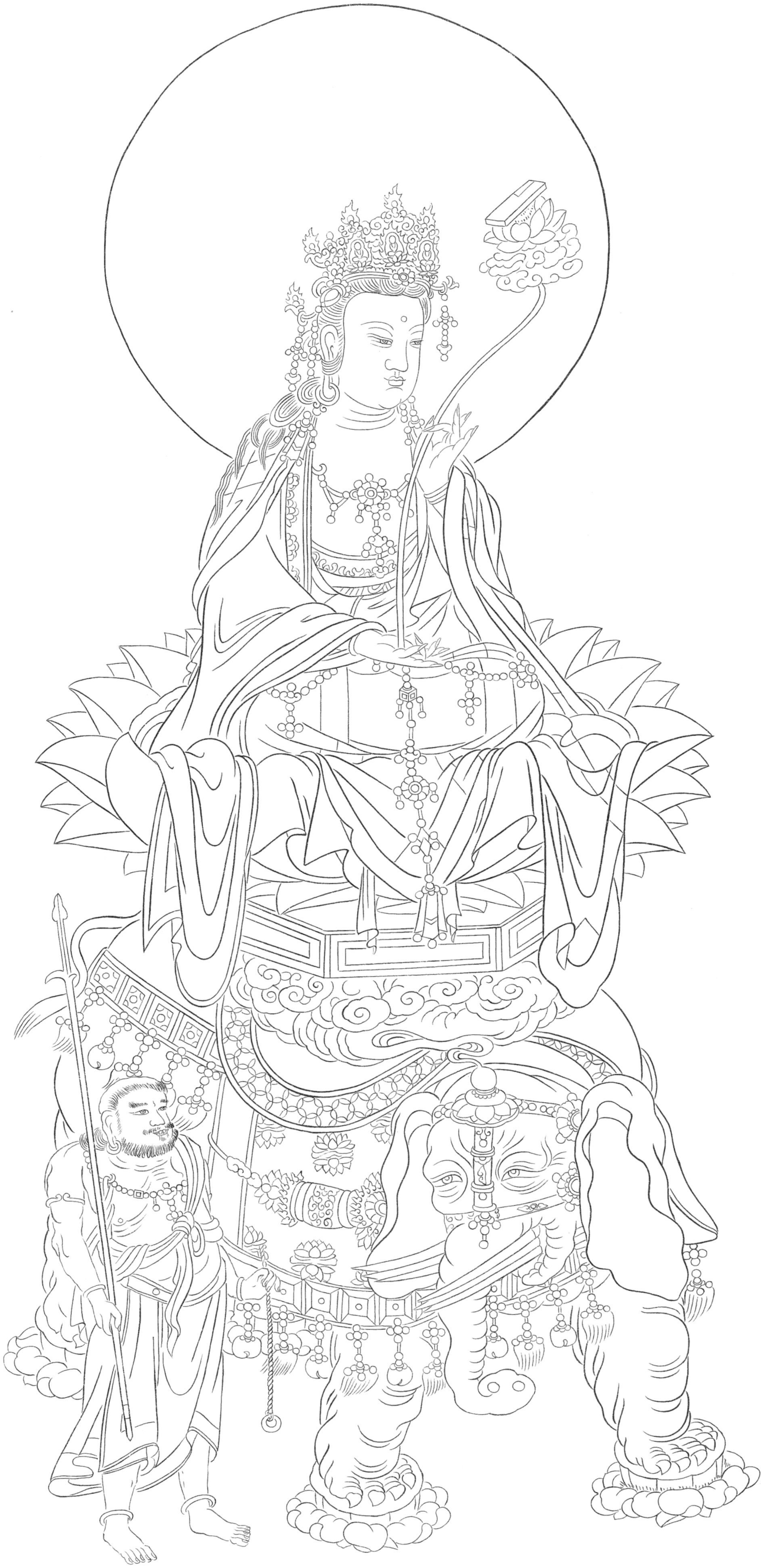

三、釋迦牟尼佛

"釋迦"是古印度迦毗羅衛國一個種族的名稱，"牟尼"是梵語，是寂寞或智者、仙人的意思。"釋迦牟尼"，就是說釋迦族的聖者。釋迦兩字當能仁講，表示佛心慈悲廣大，牟尼兩字作寂寞講，表示他深具智慧。

釋迦牟尼佛是印度迦毗羅衛國的太子，父名首頭檀那，譯爲净飯王，母爲摩訶摩耶。釋迦牟尼在四月初八日誕生於藍毗尼園的無憂樹下，從摩耶夫人右肋降生，生下後天降香花，九龍吐水爲太子沐浴。據說太子生下後即能行走，并一步一朵蓮花，行走七步說："天上天下唯我獨尊"。他在幼童時，取名爲悉達多。他天資聰慧，精通百般學術技藝，其非凡的才能，在當時已名聞天下。成年後娶鄰國拘利城，善覺王之女耶輸陀羅公主爲妻，生一子名羅侯羅。

有一次太子同侍臣盛裝出城郊游時，目睹老、病、死等狀況，深感人生的苦痛與無常。爲此事他晝思夜想，竟至廢寢忘食，遂決心於二十九歲出家，獨至於深林静處，一意修行。先後到南方的毗舍離、摩揭陀國等訪問當時最聞名的蓮華仙人、跋伽仙人、阿藍伽藍仙人等，請教關於老、病、死的苦惱疑惑，前後達六年之久，均得不到什么要領。

徒勞身心，仍毫無所得，遂改變方法，先到尼連禪河洗净身軀，又接受牧女的供養，恢復體力後，即到伽耶村畢鉢羅樹下，結跏趺坐下，發誓："不成正覺，誓不起此座"。終於排除世間一切障礙誘惑，直到一天黎明的時候，東方出現了一顆燦爛的明星，而廓然大徹大悟，此時太子剛好三十五歲。

成道之後，釋尊先到波羅奈城的鹿野苑，去度憍陳如等五比丘，又到王舍城，途中巧遇三迦葉等，因此釋迦的聲譽便普震全印度了。後來在王舍城，又度摩揭陀國的婆娑羅王、舍利弗、目犍連等。三年後，回故鄉度其父王、異母弟阿難、表兄弟難陀及其子羅睺羅等親屬，逐步成立了釋迦的教團，以後他常在恒河兩岸的摩揭陀國、橋薩羅國及毗舍離國間來往說法度衆，從無間斷。直到八十歲時，在北方拘尸那揭羅城外，跋提河畔的娑羅雙樹下，頭北面西而卧，諸弟子均趨前恭聽遺誡至午夜而寂然入涅槃。後世各佛寺內所見的涅槃像，就是爲了紀念當時的情形而作的。

有關世尊形象，根據密宗兩部曼荼羅，其胎藏界以世尊爲主，金剛界則與不空成就如來并立。《大日經疏》說："釋迦牟尼，全身呈金色，具光三十二相，披乾陀色袈裟，坐於白蓮上，作說法狀。"《金剛一乘修行儀軌》說："若欲報世間之恩德，可畫釋迦牟尼像於曼荼羅中央，全身金色，具四十八相，身披袈裟，智手作吉祥印，理手向上置於臍前，結跏趺坐坐於白蓮臺上。"

一〇、釋迦牟尼佛之一

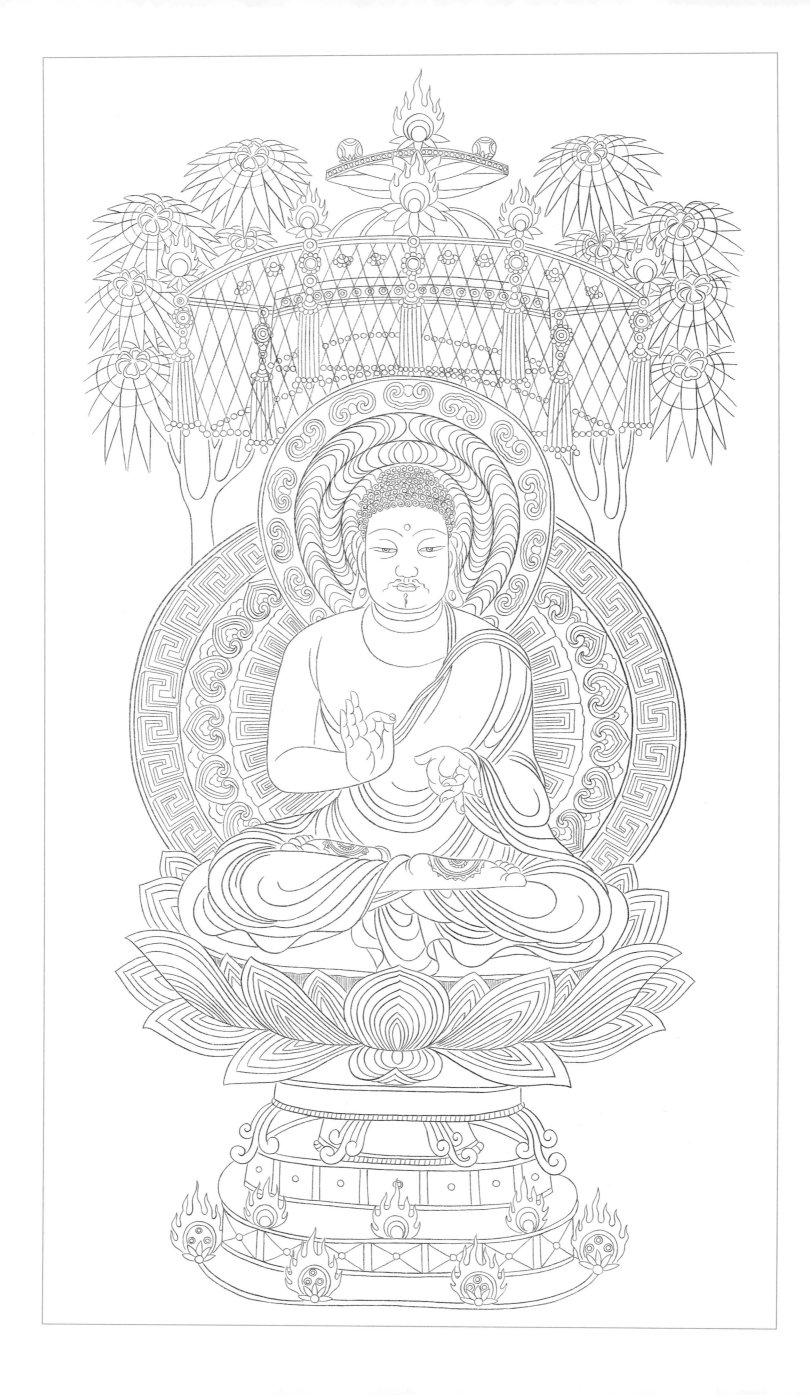

一九、大足　釋迦牟尼佛之十

四、釋迦牟尼佛説法圖

釋迦佛一生講經四十九年，説法三百餘會，講經場面有大有小，後人多根據經典記載而繪製佛説法的畫面。此釋迦牟尼佛會是根據《法界源流圖》的局部所繪。

此圖表現的是在四株結滿金果的菩提樹下，釋迦牟尼佛端坐在雕獅須彌座上説法。上有華蓋瓔珞、飛天，弟子迦葉、阿難、普賢菩薩、文殊菩薩以及觀音、童子、羅漢、天王、金剛等衆五十餘人護持左右。還有白馬、白象、明珠、玉女、藏臣、兵臣、法輪七寶，龍、鳳、異獸和供養人（似人間王者及侍女）等。

場面宏大，莊嚴肅静，佛光普照，光彩奪目，真乃佛的繽紛世界。在這片净土裏各種神祇都有適當的位置，毫無紊亂。騎青獅的文殊菩薩和騎白象的普賢菩薩在畫面中占有顯著的位置，爲重點描繪的對象，這兩位菩薩上方也有華蓋瓔珞，并自然地飄動着。構圖錯落有致，疏密得當，人物形象生動逼真，神態各異。對幾個兒童的不同描繪，使畫面充滿生機和情趣。

此圖是清代宮廷畫家丁觀鵬根據雲南大理張勝温的《梵像圖》摹繪。

三四、山西朔州崇福寺彌陀殿釋迦牟尼說法圖

五、燃燈佛

燃燈佛"Dipamkara"，音譯爲"提和竭羅"又譯爲"錠光佛"。《大智度論》中記載："他出生時，萬道霞光普照，身體如燈大放光明，故名燃燈太子。他於過去莊嚴劫時成佛，作佛時亦名燃燈如來。"

據説釋迦牟尼在過去世中，曾經用五莖蓮花供養燃燈佛，因此燃燈佛預言他將在九十一劫後的賢劫中成佛。在佛經中所記載的許多佛、菩薩都曾是他座下的弟子。佛教中有三世佛：指過去、現在、未來三世的一切佛。燃燈古佛代表過去佛，釋迦牟尼佛代表現在佛，彌勒佛代表未來佛。

在過去世中，燃燈如來是當時的教主，教化衆生，那時釋迦牟尼正修行菩薩道，爲儒童菩薩，是燃燈佛的一名弟子。一次，儒童菩薩看見一位叫瞿夷的女子，手裏拿着七只青蓮花叫賣，他便用五百錢買了五只青蓮花，而瞿夷將剩下的兩只青蓮花也托他一起供奉給佛陀，於是儒童菩薩就將這七只青蓮花敬獻給燃燈如來。蓮花是聖潔的象徵，燃燈佛贊嘆不已。此時，他已經知道儒童菩薩在未來將要成佛。還有一次，儒童菩薩隨從燃燈如來外出弘法，經過一片泥濘的路，儒童菩薩唯恐污泥沾染到佛陀身上，毫不猶豫地將自己的衣服脱下蓋在泥路上。可是衣服不够用，他又將頭髮散開鋪在泥地上。他的舉止讓佛陀大爲感動，燃燈佛知道儒童的發心是純正的，已證得爲法忘軀的境界。燃燈佛爲他授記并告訴他，九十一劫後，將證得佛果，號釋迦文如來。

六、大日如來

大日如來係密宗供奉的本尊，占金、胎兩部曼荼羅的主座。大日是遍照宇宙一切萬物的大日輪，凡是在世間的一切事物，不單是人間，甚至於極微小的禽蟲草木，均蒙受到大日的恩惠。誰能够不享受大日輪之光明，而能安住於大法界的呢？所以說大日如來是哺育一切世間萬物之慈母，亦即爲兩部曼荼羅主尊的理由。

大日如來是梵語摩訶毗盧遮那的意思，也有譯作爲大光明遍照、大日遍照、遍一切處的。雖然其譯法各不相同，而其意思則是一樣的。即摩訶是大，毗盧遮那是光明遍照的意思，此即顯揚遍照宇宙一切萬物，而無絲毫障礙的法體。

大日如來對內照彼真如法界，對外照彼一切衆生而無障礙，具有衆德圓滿，常住不變，身土融通，集一切衆生及諸佛如來之心性，更於衆生心中，能存本來法爾，遍照一切處，因此稱爲光明遍照。

《大日經疏》說："梵音毗盧遮那，是日之別名，他能使黑暗變爲光明之意也。"然日之光，只能在白天照在物體的外面，大日如來智慧之光，無論何時，都可以遍照一切事物的外面及裏面，更無晝夜之分。大日的光明照至閻浮提時，一切的草木叢林，都依其性質分別生長，世間的一切，亦得成就。如來之光，是平等的照遍法界，能啓發無數衆生之種子善心，依此因緣，世間與出世間的一切，亦得成就，普通的太陽是不能與之相比的，遂在日上加了一個"大"字，而稱之爲大日如來。

大日如來爲密宗根本教典《大日經》和《金剛頂經》的教主，且爲金、胎兩部曼荼羅的主尊，故非常被重視。他的形象表示方法，在大自在天宮說法的時候，於《大日經疏》的記載如下："此宮是成就古佛的菩薩處，那所謂摩醯首羅天宮，佛身爲閻浮檀金紫磨金色，如菩薩像，頭戴髮髻恰如冠形，通身放出種子色光，身披絹，此即在首陀會天成最正覺的標幟。"彼界諸聖天衆，衣服輕紗，本質嚴凈，不假以處飾。

但世間普通的形象，并非全依經軌的記載相同，頗有差異。其在兩部曼荼羅內爲主的主尊之形象，可作爲代表之形象。如在金剛曼荼羅內，表示大日的意思，稱之爲大日智法身，即印相爲智拳印。在胎藏界曼荼羅內，表示理大日的意思，稱之爲大日理法身，其印相爲法界定印。

又有說："大日如來，在於八葉蓮華臺上，通身金色，如菩薩形，結跏趺坐於寶蓮華上，頭戴五佛寶冠，着白繒，頂背是五彩交雜的圓光，頭光形如雲，光爲重光如彩地數重。紺髮拂肩，耳戴金鐺，頂頸上着重沓，衆寶瓔珞，及青珠鬘、華鬘等，垂至膝上，兩臂戴瓔珞，兩腕戴金環。或臂着釧，兩掌相叉，右手在上，左手在下，大拇指相拄，仰掌，在臍下作入定相，白色輕紗上衣，各種錦綉的下裙，青錦縵袴，綠繒爲帶。"由此可知佛身的莊嚴。

現在的大日如來像，不論是繪畫或雕刻，均爲坐像，沒有立像或倚像。其雕刻的材料幾乎限用木材，這是依此的性質而規定的。

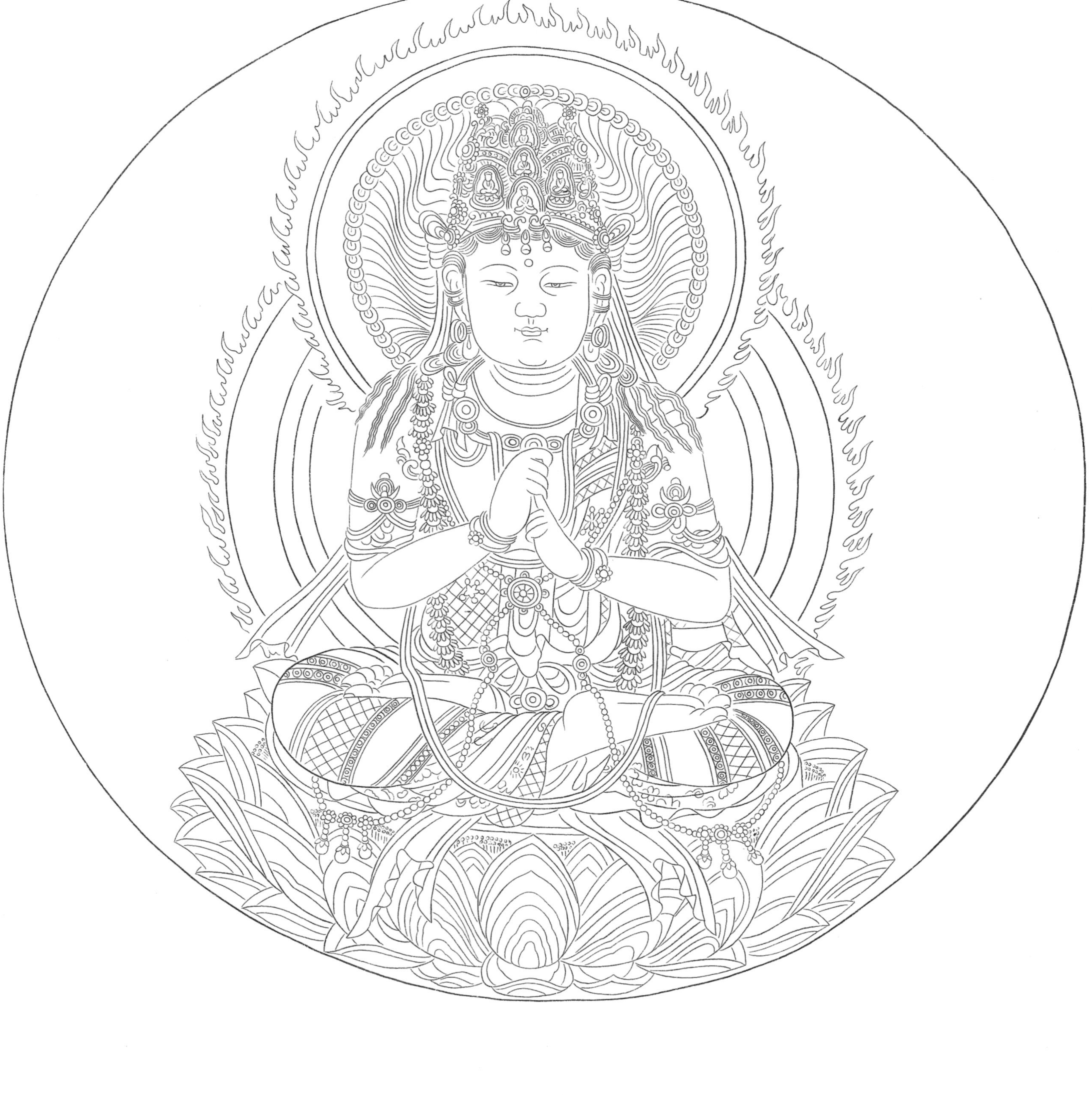

三八、南無大日如來

七、藥師佛

此佛梵名爲鞞殺社窶嚕，譯作藥師琉璃光如來，或大醫王佛。他在須彌山的東方建立了一個世界，其淨土的名稱叫琉璃光土或稱東方淨琉璃世界。

在隋朝的時候，達摩笈多所翻譯的《藥師如來本願功德經》中有一節説："佛告曼殊室利，去此東方，過十殑伽沙佛土，有世界名淨琉璃，佛號藥師琉璃光如來，原行菩薩道時，發十二大願，令諸有情，皆得所求。"此十二大願爲：1.自他身光明熾盛之願。2.威德巍巍開曉衆生之願。3.使衆生飽滿所欲而無乏少之願。4.使一切衆生安立大乘之願。5.使一切衆生行梵行，具三聚戒之願。6.使一切不具者諸根完具之願。7.除一切衆生衆病，令身心安樂，證得無上菩提之願。8.轉女成男之願。9.使諸有情解脱天魔外道纏縛，邪思惡見稠林，攝引正見之願。10.使衆生解脱惡王劫賊等橫難之願。11.使饑渴衆生得上食之願。12.使貧乏無衣服者，得妙衣之願。

藥師如來，別名爲大醫王佛。供奉此佛的目的，在於醫治百病，謀現世的福利。我國古今上下，貴自帝王，下至一般民衆，都十分信仰，如一朝得病卧床，束手無策的時候，則多求願於藥師如來，故世間供奉藥師如來的藥師堂很多。

藥師如來普遍以日光菩薩、月光菩薩爲其脅侍，此二菩薩在藥師之淨土中無量衆中之上首，是一生補處的菩薩。其次亦有以觀音、大勢至爲其脅侍的。還有以文殊師利、觀音、勢至、寶壇華、無盡意、藥王、藥上、彌勒等八菩薩爲侍者的。

藥師佛之眷屬神，俗稱爲藥師十二神將，又稱十二藥叉神。凡是以供養藥師如來本尊的廟宇中，必須安置此十二神將。此將藥師十二神將，列名如下：毗羯羅大將、招杜羅大將、真達羅大將、摩虎羅大將、婆夷羅大將、因達羅大將、珊底羅大將、額儞羅大將、安底羅大將、迷企羅大將、伐折羅大將、宮毗羅大將。

藥師如來的形象，有結跏趺坐，安坐於蓮臺上。在《阿娑縛抄》內記載如下："右手施願，左手作施無畏印，左掌持寶珠，右手掌輕輕舉起，左手屈小指，安放於臍下，右手持藥壺結定印，有應身説法者，即手持衣鉢，錫杖者，種類繁多。"以上略舉其中的七種，此佛的形象還有很多，比如在敦煌壁畫中就有站立的，但都是依其誓願而不同，分別設立形象的。

八、東方藥師三聖

藥師佛與日光、月光菩薩合稱藥師三聖，又稱東方藥師三尊。中尊藥師琉璃光如來，左脅侍爲日光菩薩，右脅侍爲月光菩薩。

在過去世界有電光如來出世，説三乘法度衆生。當時有一梵士見世界濁亂而發菩提心，要教化世界諸苦衆生。因爲他特別發願利益重病衆生，所以電光如來改其名號爲醫王。他的兩個孩子也發起大願，能照破一切衆生生死黑暗，所以長子名爲日照，次子名爲月照。而那時的醫王，即爲東方藥師如來，二子即爲二大菩薩——日光遍照菩薩、月光遍照菩薩。

日光菩薩，又稱作日曜菩薩、日光遍照菩薩。其身呈赤紅色，左掌安日輪，右手執蔓朱赤花。

月光菩薩，又稱月净菩薩、月光遍照菩薩。其身呈白色，乘於鵝座，手持月輪。以日光、月光代表了一切清净的光明，一切法性的光明，一切救度的光明，顯示了藥師佛要使衆生達到成佛境界所現起的方便。這些是來自諸佛的四宏誓願，是諸佛的大勢願望，是一切諸佛的悲心。諸佛的悲心，願現在此特殊因緣，相應於衆生病苦的因緣，特別顯示藥師佛來救度，使衆生在痛苦的境地中，直接翻轉，成證如來。

五三、藥師三聖之三　月光菩薩

五四、藥師三聖之一　藥師佛

五六、藥師三聖之三　月光菩薩

九、藥師琉璃光如來佛會

藥師佛，全名爲藥師琉璃光王如來，通稱爲藥師琉璃光如來，簡稱藥師佛。依《藥師如來本願功德經》所説：“東方過娑婆世界十恒河沙佛土之外，有佛土名爲净琉璃，其佛號爲藥師琉璃光如來。”

藥師琉璃光如來的名號來源，是藥師如來的本願，而琉璃光是他本願所展現的特殊造型，因爲他要拔除一切衆生的生死、苦惱、重病，所以名爲藥師。因爲藥師有如此清净的本願，所以他在身相上所顯現出來的身，是完全透明無礙的琉璃光。藥師如來不僅醫治我們身體上的疾病，也醫治我們的智慧，悲心俱不圓滿的心靈。因爲衆生一開始，無法感受他深刻的願力，所以他先醫治好衆生的疾病，再醫治衆生的心。

藥師如來在過去行菩薩道時，曾發十二大願度衆生。關於藥師如來的形象，在《藥師琉璃光王七佛本願功德念誦儀軌·供養法》中説：“安中心一藥師如來像，如來左手令持藥器，亦名無價珠，右手令作結三界印，着袈裟，結跏趺坐於蓮花臺，臺下十二神將，八萬四千眷屬上首令安，又令安坐蓮臺，如來威光中令住日光、月光二菩薩。”

此圖是根據清宫畫家丁觀鵬《法界源流圖》藥師琉璃光佛會所繪。此畫有四十餘位的群體像，聚會於菩提樹下，藥師佛端坐於正中須彌座上，右手作安慰印，左手放置腹前；足踏蓮花、背有祥雲、頂放光明，有塔式華蓋瓔珞。佛兩側倚坐蓮座者，左爲日曜（日光遍照）菩薩，右爲月净（月光遍照）菩薩，頂部均有華蓋瓔珞。佛前供案兩旁有二跪着的菩薩及二藥童子。迦葉、阿難及藥師八大菩薩、十二神將等衆分列兩側。場面浩浩蕩蕩，人物衆多，色彩絢麗，是一幅極爲珍貴的畫像。

十、阿彌陀佛

阿彌陀佛:梵文"Amitayusami tabha-tathagata",又稱無量壽佛(報身),無量光佛(應身),全稱西方極樂世界大慈大悲阿彌陀佛,俗稱彌陀佛、彌陀。在中國因阿彌陀佛、極樂世界與本土長生不老信仰結合,故净土宗廣泛弘揚,從而有"家家觀音,人人彌陀"之説。阿彌陀佛亦是古佛,佛經説他從成佛到現在已經十劫了,在他管理的西方極樂世界,人們的壽命都是無量無邊,不可以計算,所以稱爲世人理想的王國,最高境界。在中國,無論信佛與否,皆習慣在家中有人死亡時到寺裏舉辦超度往生西方净土的法會。并爲亡人枕蓮花枕,脚下亦踏蓮花,這種習俗即是佛教與中國民俗融合的産物。

阿彌陀佛形象有三種:一是雙跌坐説法相,與釋迦牟尼佛相同。二是雙跌坐定相,此相最爲常見,"三世佛"中即爲此相,雙手結彌陀定印或法界定印。法界定印亦稱大日定印,是密教胎藏界曼荼羅大日如來所結之印機,即兩掌均上仰,加叠於腹前,右手在左手之上,兩拇指頭相抵,其中右手五指表示佛界之五大,左手五指表示衆生界之五大,雙手相叠表示生佛不二之義,雙拇指均代表空,故二空相拄,表示空大融通無礙,以其相寂静不動,故稱爲法界定印。三是來迎相,是阿彌陀佛之立相,形象是左手屈肘當胸,掌心向上,平托一小型蓮臺,象征接引往生之人住於蓮臺,右手下垂,平掌向前,伸直并攏五指結"與願印",又稱"接引印",意在滿足往生之人的一切願望。極樂世界有各種各樣的蓮臺,共分九品。

上品上生:多做十善,持戒,發大菩提心,并敬誦大乘經典的行者,臨終時有七寶宫殿與金剛臺來迎,隨西方三聖阿彌陀佛、觀世音菩薩、大勢至菩薩往生極樂,生彼立即衆相具足,悟無生法忍。上品中生:行者臨終時有三聖及紫金臺來迎,至彼生七寶池中,經宿即開花,行者身變爲紫磨金色,經七日得不退轉。上品下生:臨終時金蓮花來迎,生七寶池中,一日一夜花開,七日得見佛,三小劫得百法明門。

中品上生:臨終時生於蓮花臺,長跪合掌,爲佛作禮,往生後蓮花即開,得阿羅漢道。中品中生:臨終生於七寶蓮花中,七日開花,經半劫,成阿羅漢。中品下生:往生後,七日遇觀音勢至,過一小劫成阿羅漢。

下品上生:生時作惡業不知懺悔,臨終時遇善知識,有寶蓮花來迎,得生七寶池中,七七四十九日開花,十小劫得百法明門,得入初地。下品中生:生時作惡業,不守戒律,臨終遇善知識,得生蓮花中,經六劫,蓮花乃開,發無上心。下品下生:多作惡業,臨終時遇善知識,因念"南無阿彌陀佛"得見金蓮花,隨蓮花往生,經十二大劫蓮花開放。

其下品三類,被稱作"帶業往生",即惡業尚未除盡,即因心向阿彌陀佛而往生極樂,只是要比較長的時間,才能花開見佛。

六二、南無阿彌陀佛之五

六六、阿彌陀佛來迎圖

十一、阿彌陀佛

阿彌陀佛是阿彌陀婆的簡稱，譯爲無量光、無量壽。依《佛說無量壽經》說：阿彌陀佛是世自在王佛時的一個國王。出家之後，稱法藏比丘，他見過二百一十億的佛土，熟知諸佛之淨土，攝取了其中的精華，再經過五劫的思維後，發起了四十八個大誓願，建立極樂淨土，以度衆生。他爲了要實現其誓願，不知經過了多久的修行，才把它實現，成佛至今已有十劫。他在西方建立了一個莊嚴的極樂淨土，現在還在那邊說法，以其光明無量及壽命無量爲覺體，超度衆生。

據《佛說觀無量壽佛經》又說：極樂世界分上中下三階段，其中又分上中下三區分而成九品。在我國信奉阿彌陀佛的人最多，其形象亦有多種，在觀自在王修行的法內說："結三摩地印，二手向上交叉。"又《攝真實經》內說：二手各舒五指，貼在臍前，左手在下，右手在上，作法界定印。

此外，在曼陀羅內所見的妙觀察智定印，身披丹光袈裟，結跏趺坐，坐於寶蓮花上。其他尚有紅色裝的紅頗梨彌陀、寶冠彌陀或螺髮亂彌陀、五劫思惟彌陀及瑜伽大教王經的三面六臂彌陀等，異像很多。

阿彌陀佛普通以觀音、大勢至二菩薩爲脅侍。另外有一種阿彌陀佛與二十五菩薩來迎接當念佛之行者，臨終時，此如來與二十五菩薩即前來迎接。

另據《大日經疏》說：應在西方觀無量壽佛，此即爲如來方便智，因爲衆生界乃無盡止的，所以諸佛的大悲方便亦無盡止，故名大無量壽。關於此佛的相好，在《佛說觀無量壽佛經》說：無量壽佛之身，如百千萬億夜摩天閻浮檀金色，佛身高六十萬億那由他恒河沙由旬，眉間白毫右旋婉轉，毫相大小猶如五倍須彌山之高廣，佛眼清白分明，眼之大小猶如四倍大海水之縱廣，全身毛孔均呈光明，圓光如百億三千大千世界。圓光中有百萬億那由他恒河沙化佛，一一化佛，有衆多無數化菩薩爲侍者，無量壽佛有八萬四千相，一一相有八萬四千隨形好，一一好有八萬四千光明，一一光明照十方世界。凡念佛衆生，均爲其攝取，而其光明、相好及化佛，實多不可計。由此可知阿彌陀佛的雄大無比。

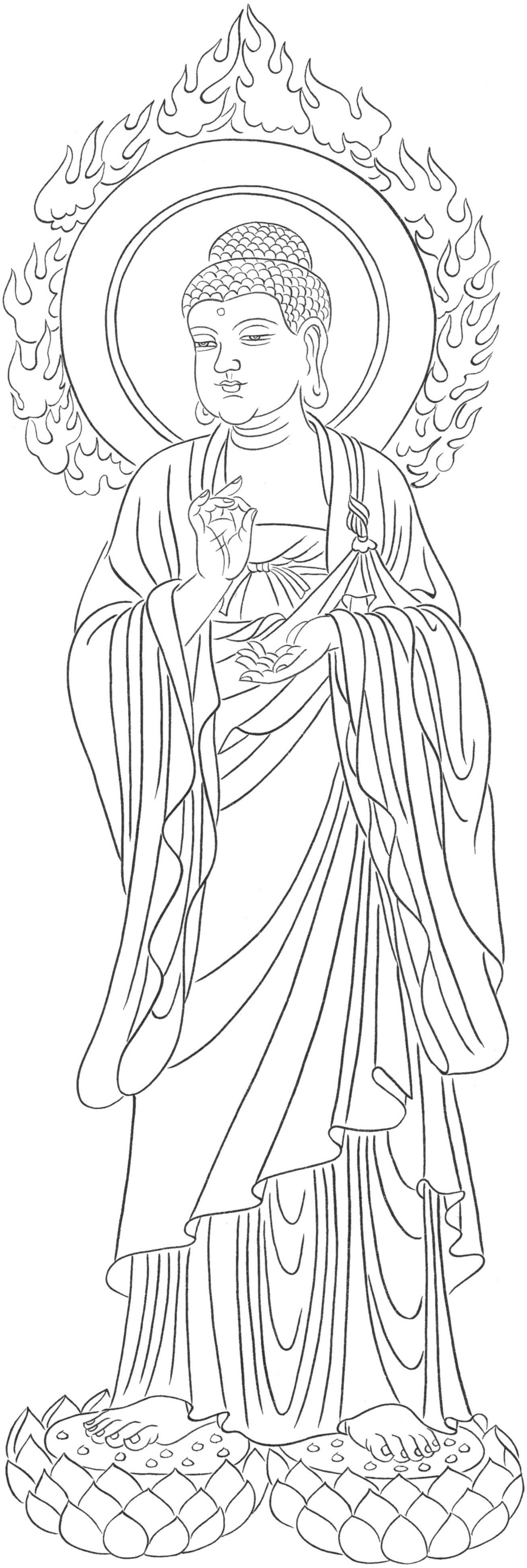

七七、阿彌陀佛之六

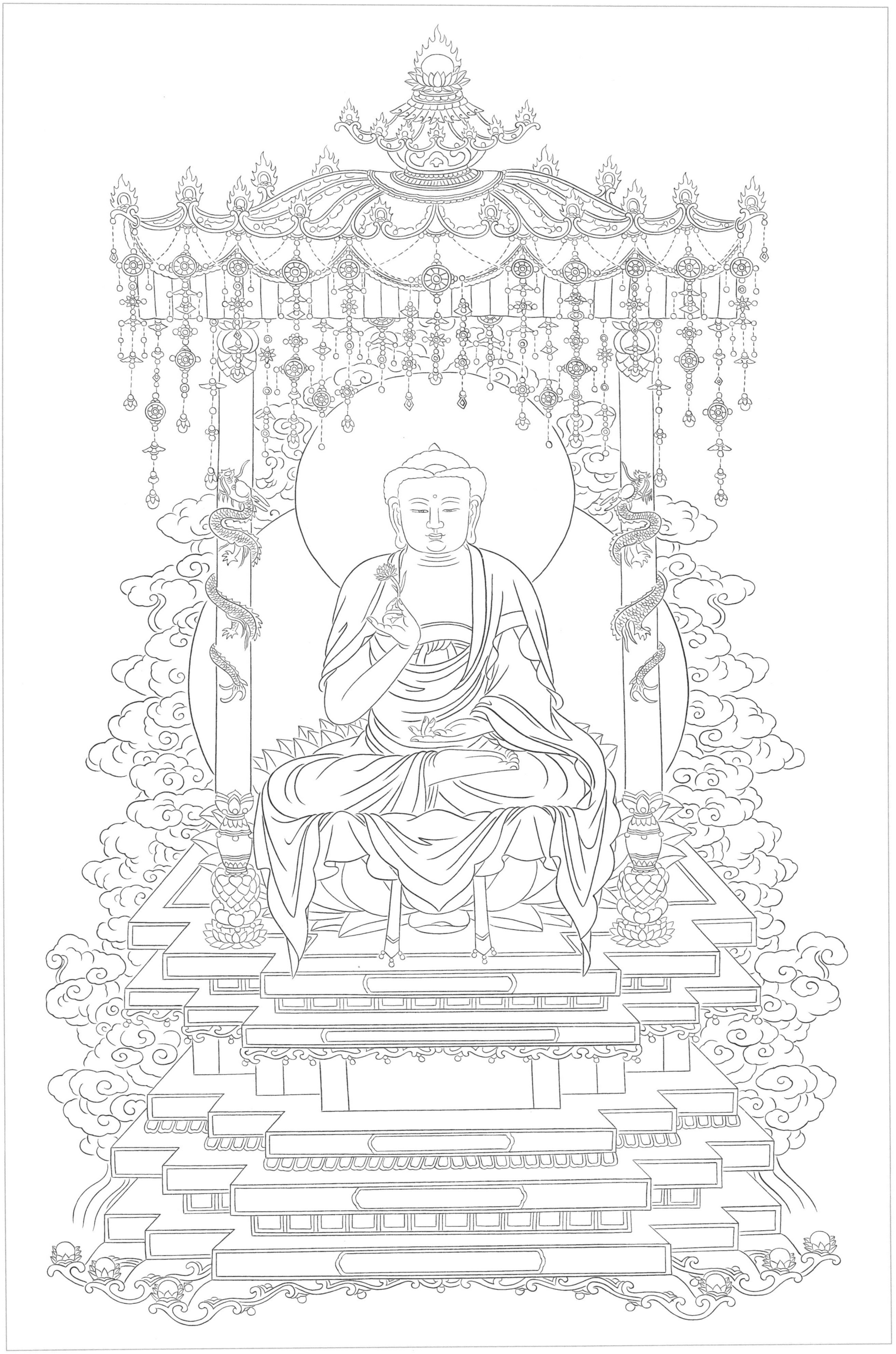

七九、阿彌陀佛之八

十二、西方三聖

亦稱彌陀三尊，阿彌陀佛的菩薩眷屬最普遍常見的即觀音與大勢至兩位大士。他們追隨阿彌陀佛，在極樂世界教化眾生，也在娑婆世界中，大悲救度一切眾生，并且輔翼彌陀，讓眾生能清净發願往生極樂净土。在臨命終時，他們亦會前來接引净土行人。而且根據《佛説觀無量壽佛經》所云："阿彌陀佛神通如意，於十方國變現自在，或現大身滿虛空中，或現小身丈六八尺。"所以便有彌陀觀音同體的説法。

阿彌陀佛及其脅侍觀音及大勢至，一般稱之爲西方三聖。如在《佛説觀無量壽佛經》中所説："無量壽佛住立空中，觀世音，大勢至二大士，侍立左右，光明熾盛，不可具見，百千閻浮檀金色，不得爲比。"

關於這兩位脅侍菩薩的方位，一般以觀音菩薩在阿彌陀佛的左方，大勢至菩薩則在阿彌陀佛的右方。但在梵文《法華經普門品》的頌文中，則説觀音在阿彌陀佛的右方或左方。而《十一面觀自在菩薩心密言念誦儀軌》卷中及《阿利多羅陀羅尼阿嚕力經》則説右方是觀音菩薩，左方是大勢至菩薩。《佛説觀無量壽佛經》及《不空羂索神變真言經》，則説阿彌陀佛的左邊有一大蓮花，觀音菩薩坐於其上，阿彌陀佛右邊的蓮花坐大勢至菩薩。這是因爲觀音爲大悲的代表，即下化眾生之意，所以置於左方；而大勢至菩薩代表大智，意爲上求菩提，所以安於右方。

關於二脅侍的形象，觀音菩薩的寶冠中有化佛，大勢至菩薩的寶冠中有寶瓶。自古以來，一般是作觀音菩薩兩手持蓮臺，而大勢至菩薩雙手合掌。

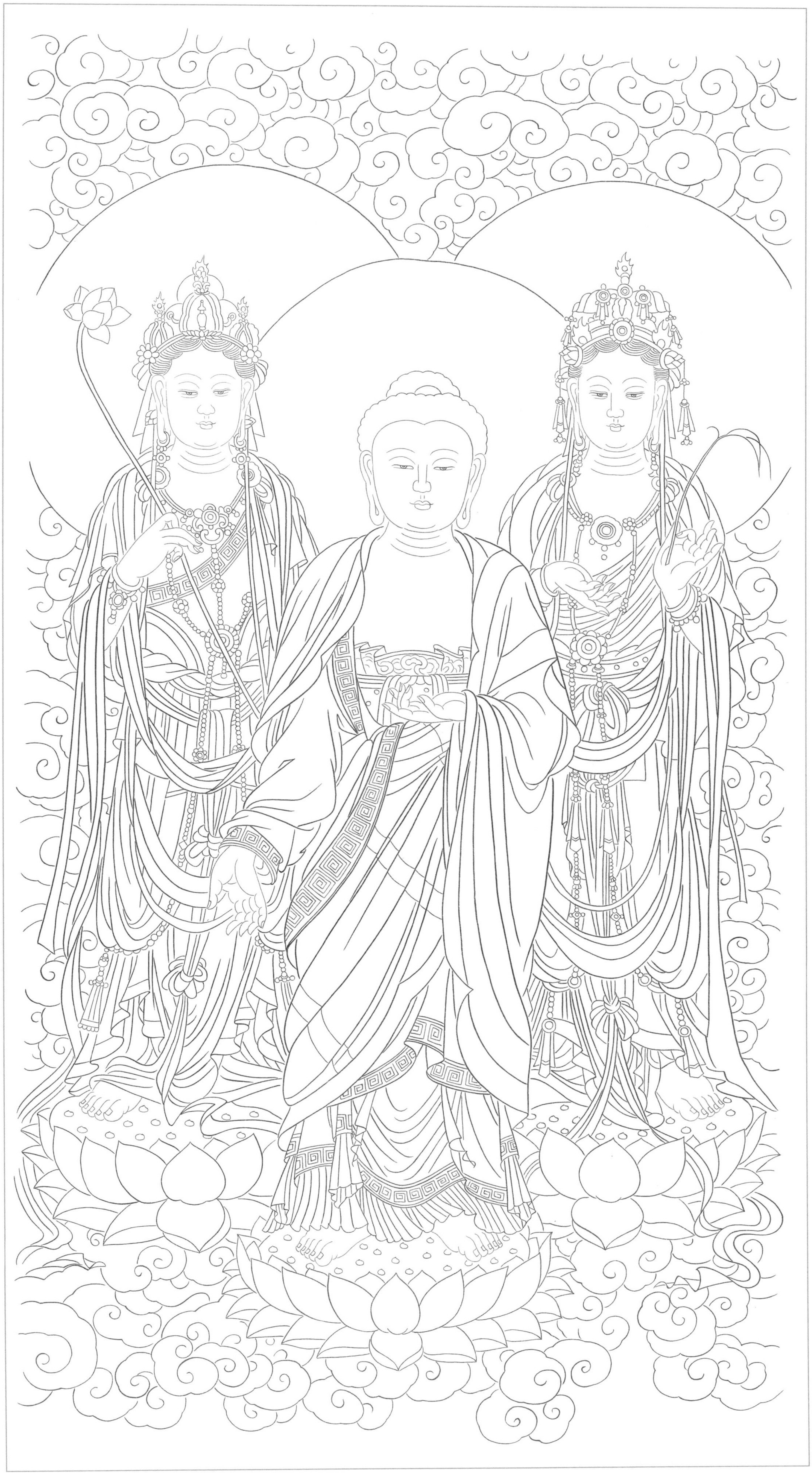

八四、西方三聖之二

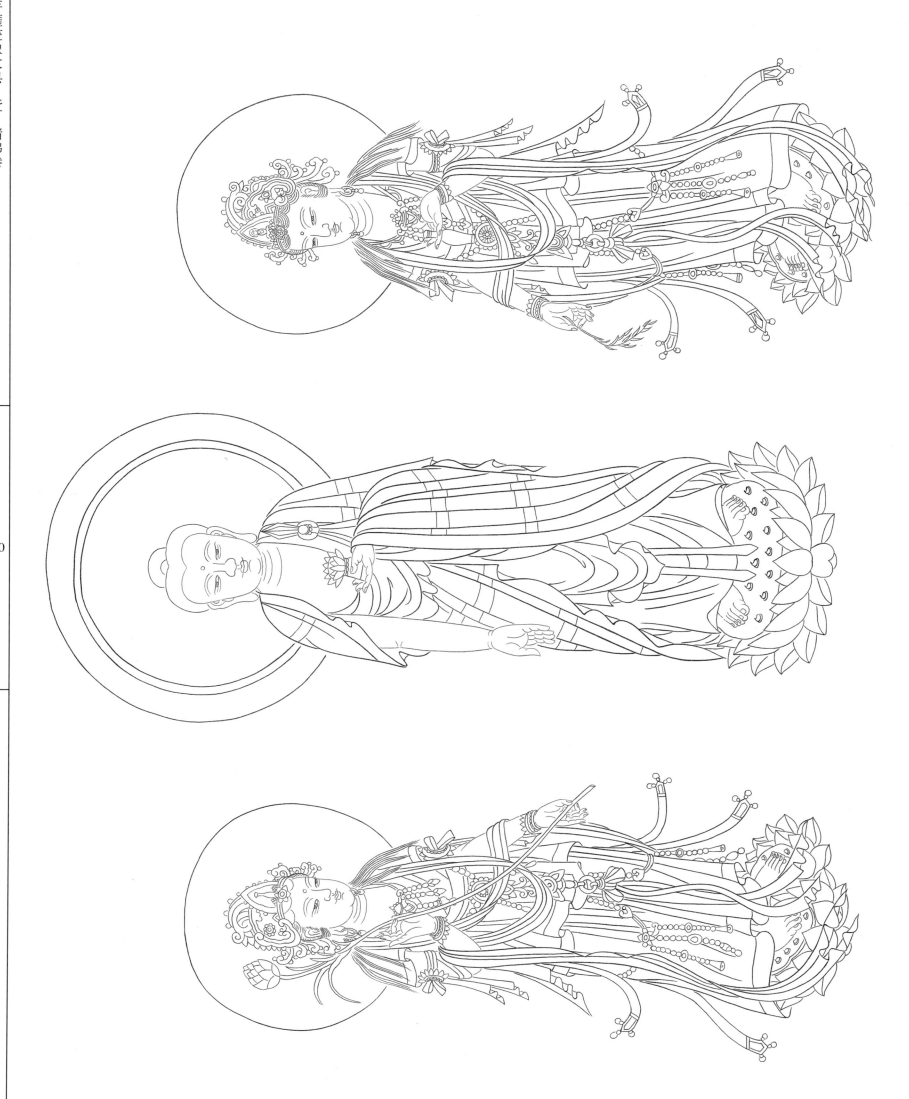

八七、西方三聖之五

九二、西方三聖之一　阿彌陀佛

九六、西方三聖之二 觀世音菩薩

十三、毗盧遮那佛

毗盧遮那，亦稱毗盧舍那佛，譯光明遍照、光明普照或大日，源於古印度人對日神的崇拜。大乘將毗盧遮那佛比作太陽，因此佛之身光和智光，毫無障礙地遍照宇宙法界，而圓明無缺之意。據《梵網經》説：於蓮花藏世界獲得正覺的盧舍那佛，在千葉蓮瓣上正化現百億釋迦，每一釋迦又於每一國土上説其正法。把所有的蓮瓣合起來即爲百億世界。毗盧遮那端坐蓮臺中央，表現其所轄範圍有着無邊無際的空間。據我國長安五重寺的道安大師及天台宗的荆溪大師講，毗盧遮那是法身佛，盧舍那是報身佛，而釋迦牟尼是應身佛。盧舍那佛於釋迦牟尼佛是同體不二的覺體。因釋迦牟尼佛只限於閻浮提娑婆世界一州的教主，而盧舍那佛則是三千大千世界的教主，總統宇宙全體。

在密宗的毗盧遮那爲最高尊神，是《大日經》和《金剛頂經》的主尊。密宗又稱摩訶毗盧遮那如來，摩訶是大的意思，所以又稱大毗盧遮那或大日如來，大光明遍照等。與其他如來（包括毗盧遮那如來）所不同的是大日如來現菩薩形，頭係高髻，戴寶冠，身上飾物華麗。或表示大日如來乃統轄如來、菩薩、明王、諸天尊神的王者身份。密教謂宇宙萬物皆大日如來所顯現，表示其智德的稱爲"金剛界"，表現其理性的稱"胎藏界"。兩界大日如來兩手在胸前，用右拳握左拳的第二指是爲智拳印，以釋明智、果的行爲世界；胎藏界大日如來，一般把左拳仰放在結跏趺坐的膝上，再將右拳印叠在左拳之上。一如禪定印，是爲法界定印，以象征理智的徹悟境界。

大日如來的造像有單尊和五位一體（一稱五智如來）兩種形式。金剛界五體如來爲：大日、阿閦、寶生、阿彌陀、不空成就。胎藏界爲：大日、寶幢、開敷華王、無量壽、天鼓雷音。這些如來除阿彌陀和阿閦兩如來外，其他如來不見獨立經典。金、胎兩界的大日如來俱在中央，另外如來各在本界的東南西北四方位。

毗盧遮那的世界，是統一一切的世界，雖然有各種各樣的曼荼羅，但均是由大日體係延續擴大出來的，大日如來始終是統轄宇宙的中心。在曼荼羅上，釋迦佛、阿彌陀佛等其他諸佛，以及各大菩薩、明王、護法神天，均有着各自的位置。而他們所代表或象徵的各種要素在與曼荼羅中所處的位置相對照，都非常切合。就金、胎兩界主尊均是大日如來又表明了理智不二，金胎爲一，兩者攝取宇宙萬有爲一體的本質。有的認爲，胎藏界主女性（慈悲），金剛界主男性（智慧）。

一〇七、毗盧遮那佛之三

十四、盧舍那佛

盧舍那佛在中國常被視爲報身佛。在中國寺院的課誦本中，有"清净法身毗盧遮那佛，圓滿報身盧舍那佛，千百億化身釋迦牟尼佛"的課誦文，深植於佛教徒的心中。其實就梵文原意來說，毗盧遮那與盧舍那都是梵文"Vairdana"的譯名，也全是光明遍照之義，只是因爲在晉譯的六十卷《華嚴經》中，將"Vairocana"譯爲盧舍那佛，而在唐譯的八十卷《華嚴經》中則爲毗盧遮那佛，其實都是同一尊佛陀。

智者大師在《法華文句》卷九（下）中説："毗盧遮那佛爲法身如來，盧舍那佛爲報身如來，釋迦牟尼佛是應身如來。"這是依據《觀普賢菩薩行法經》中叙述毗盧遮那爲身遍一切處因此以之爲法身如來，《梵網經》中叙述盧舍那佛爲千葉蓮臺之主，因此以其爲報身如來。

我們若以盧舍那佛是報身如來的觀點來看，所謂報身如來或報身佛，在佛陀的法、報、化三身中，是代表修集無量的福慧資糧，而生起無邊功德的佛身。而這也是由因位中發起無上菩提的本源，并圓滿一切菩提妙行所修證成就，以受用佛果境界的佛身。所以又稱受用身，或是受法樂身。

《梵網經》記載，盧舍那佛已修行經過百阿僧祇劫，成佛以來安住在蓮花臺藏世界。這蓮花臺周遍有一千蓮葉，每一葉都是一個世界，因此共有一千世界。

而在每一葉的世界中，又有百億座的須彌山，百億的日月，百億的四天下，百億的南閻浮提，百億的釋迦牟尼佛現身説法。因此共有千百億數的釋迦牟尼佛正在説法，接引微塵數般的眾生。這無量無數化身的釋迦牟尼佛，都是由盧舍那佛所化現的。

一二一、盧舍那佛之三

十五、彌勒佛

彌勒，意爲"慈氏"，是慈悲爲懷的意思。佛經中慈悲就是除去痛苦給予歡樂。彌勒是姓，名阿逸多，意爲無能勝。彌勒生於古印度南天竺一個大婆羅門家族，大婆羅門在印度是高貴的種族。據《彌勒下生經》講述，當時的轉勝王穰佉將七寶幢奉獻給彌勒，彌勒把它施舍給婆羅門，但七寶幢却被婆羅門的衆將折斷。彌勒看到這么一座精美絕倫的七寶妙幢樓閣在頃刻間化爲烏有，深有感觸，感嘆世間事事無常。於是彌勒放弃了自己優越的貴族生活，剃度出家皈依了佛門，并修成菩提正果。彌勒與釋迦牟尼是同時代的人，釋迦牟尼佛因爲弟子舍利弗發問，預言彌勒菩薩將來會繼承自己的衣鉢示現世間教化衆生，同時還預言了彌勒將會先於佛陀離開這個世間，全身釋放紫色金光，上昇到彌勒净土——兜率天。在那裏，彌勒與諸天神演説佛法，直到釋迦牟尼佛滅度后五十七億六千萬年時，才從兜率天宫來到人間。

兜率天是佛教欲界中的天界，意爲"妙足"。兜率天分爲內外兩院，外院是諸神的公園，內院是彌勒居住的地方稱爲"彌勒净土"。兜率天雖然在欲界，但由於彌勒願力的加持變得莊嚴神聖，四周散發着怡人的香氣，潔净的地上會涌出甘甜的清泉，如意果樹香氣四溢，所用衣物也生於樹上，隨意取用，地上會長出没有稻殼的稻米，金銀珠寶更是鋪滿各處。

一般彌勒佛都供在天王殿中，殿內兩旁是四尊威武高大的四大天王。他們肩負着風調雨順的職責，成爲人們五穀豐登、天下太平的守護者。南方增長天王，能讓衆生增長善根，他手持寶劍，護持佛法。東方持國天王，他慈悲爲懷，保護衆生，護持國土；他又是主樂神，手持琵琶，用音樂使衆生皈依佛教；琵琶作爲法器又是降魔的威力武器。北方多聞天王，護持佛陀説法道場，常聞佛法，故名多聞；他手持混方珍珠寶傘，用以降魔。西方廣目天王，他能睁開天眼洞察世界，護持衆生安寧；他手執紫金龍或花狐貂。

唐末五代時期，浙江奉化有一個胖和尚，人們都叫他契此。他的形象十分特異，身材矮胖而且袒胸露腹，手裏經常提個大袋子，每次化緣都把得到的食物隨手扔進袋子裏，所以人們都叫他"布袋和尚"。他總是笑呵呵的，説話也語無倫次，但仔細想想，他説的却十分有道理。他經常幫人預測未來吉凶，人們都稱他爲奇人。一天，他盤腿端坐在奉化岳林寺前的磐石上，口中念着偈語："彌勒真彌勒，分身百千億；時時示時人，時人自不識。"説完這個偈語后便安然圓寂。人們聯想到他平日的言談舉止，認定他就是彌勒佛化身來到世間度化衆生，於是就按照他的外貌形態塑造了現在的彌勒佛像。明太祖朱元璋曾下令讓全國寺院造大肚彌勒佛放置在天王殿中。慈眉善目、笑口常開的大肚彌勒一直被中國的信衆供奉至今，并影響到東南亞一帶。

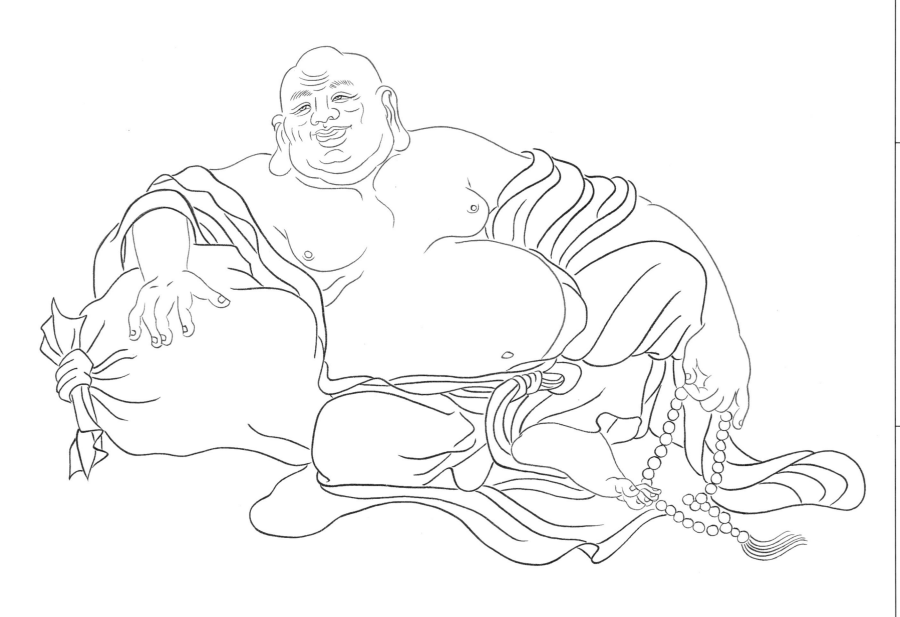

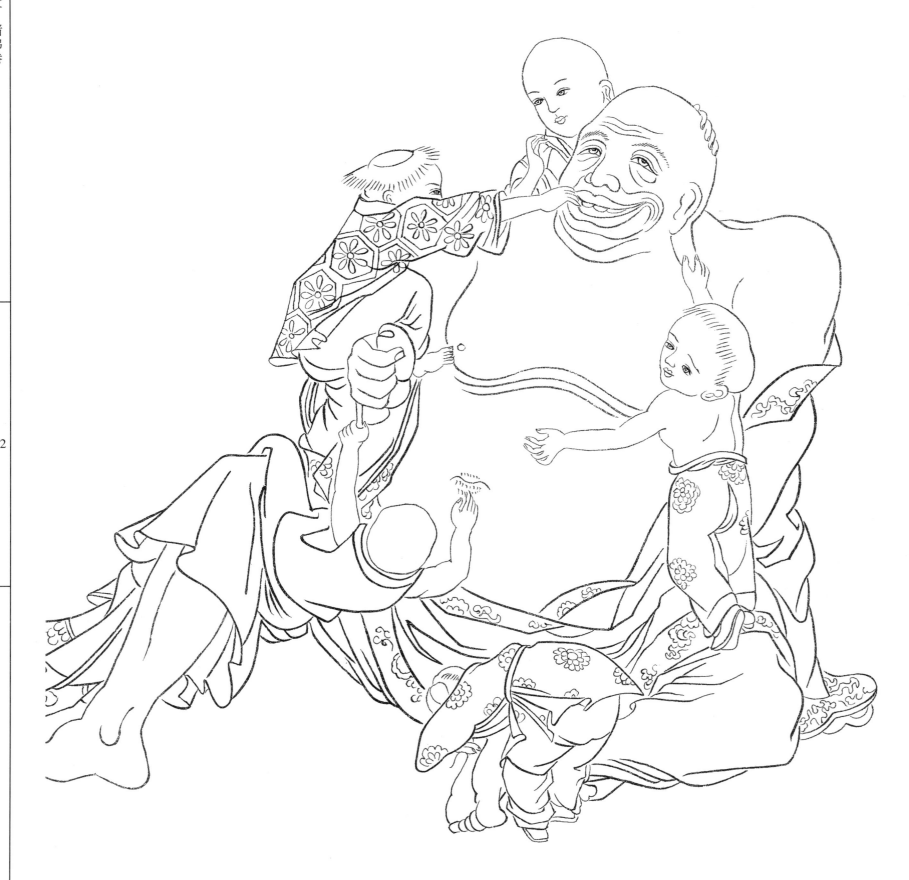

十六、十方佛

這裏的十方佛是按《華嚴經》法界安立圖所説："東、南、西、北、東北、東南、西北、西南，加上下共分十方。"亦代表千佛，無量諸佛之意。

"佛"意爲覺悟者，泛指一切覺悟得道者。大乘教義認爲衆生都有證悟佛教真理的可能，因此人人都能成佛。大乘佛教還認爲：時間是無始終的，空間是無邊際的，時間和空間都没有窮盡。

從無始終的時間來看，在不斷反復循環的過去、現在和未來中，曾經出現過，并且將來還會出現許許多多的佛。再從無邊無際的空間看，茫茫宇宙間，有無數個和我們一樣的"世界"，每一個世界都有一位佛在教化那兒的衆生。上下四維，過去未來，十方三世有無數位佛。佛教經典記述：在法界成、住、壞、空循環成滅的過程中，現在的時間大劫稱爲賢劫。在賢劫中，即將出現於世的有千位佛陀。

小乘經典，通常只説過去有四佛或七佛出現。大乘則説，現在的賢劫有千佛，過去的莊嚴劫，未來的星宿劫，都各有千佛出世。

其中，在過去七佛之中，前三佛相當於莊嚴劫千佛的最後三佛。拘留孫、拘那含牟尼、迦葉、釋迦牟尼等四佛，已在賢劫的世間出現。而賢劫第五佛彌勒佛，以及下至樓至佛等九百九十六佛，則在未來世將會出現。

自古以來，佛教界對賢劫千佛的信仰，都很盛行，印度阿彌陀佛第十號洞窟、新疆地區的龜兹千佛洞、于闐千佛洞、卡達里克廢寺的壁畫，都是描繪賢劫千佛的作品。

中國南北朝時期已有造千佛的事例，如《法苑珠林》卷一百即載有北魏道武帝造千尊金像之事。現在河南鞏縣石窟，即存有北魏以來所塑造的千佛像，敦煌千佛洞也藏有許多千佛壁畫。

一三〇、東南方最勝廣大雲雷音王如來

一三二、西北方無量功德火王光明如來

十七、三世佛

　　三世佛分爲兩種：一爲竪三世，二爲橫三世。竪三世，是指過去、現在、未來這三個時間概念。竪三世佛，即是過去佛、現在佛、未來佛。我們知道，時間的過去、現在、未來都是時刻在變化的，没有一個固定不變的常數，那么佛教如何來區分竪三世呢？人們還是找到了一種方便，即以佛教的創始人，本師釋迦牟尼佛來劃分這三個時間概念，先於釋迦牟尼佛，從久遠劫前便已成佛的，便稱爲過去佛，釋迦牟尼開啓了佛教的紀元，故稱現在佛，在今後久遠時間以後成佛的，即未來佛。亦有直接指燃燈佛爲過去佛，釋迦牟尼爲現在佛，彌勒佛爲未來佛。

　　橫三世，是空間概念，即指時間相同而空間不相同。橫三世三尊佛，即指東方琉璃世界藥師琉璃光如來、中方娑婆世界釋迦牟尼佛、西方極樂世界阿彌陀佛。此處是指橫三世佛，圖像是根據佛教水陸畫所繪，有關橫三世佛的具體解釋，請看釋迦佛、藥師佛和阿彌陀佛的專門解釋。

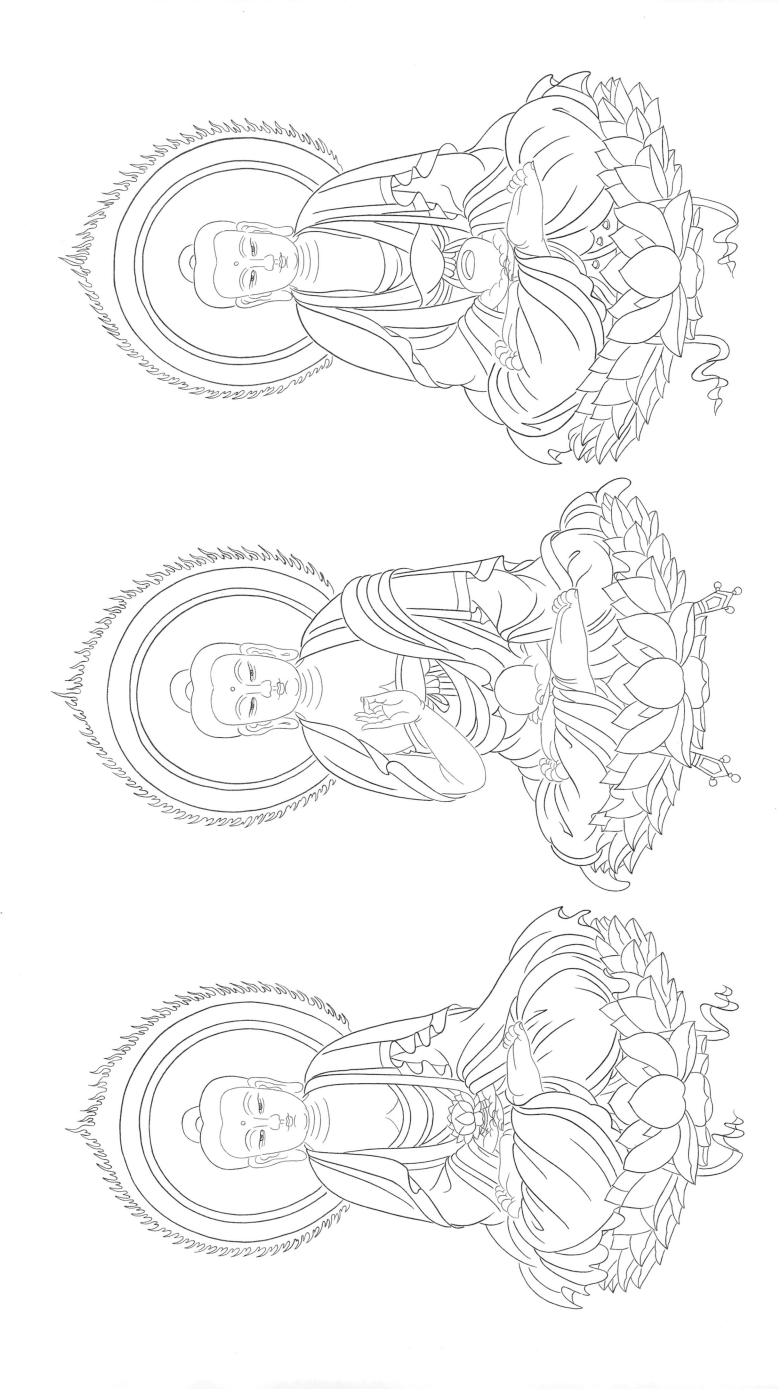

一三八、三寶佛

一三九、三世佛之一　釋迦牟尼佛

一四一、三世佛之三　藥師佛

十八、阿閦如來

阿閦如來正名爲阿閦婆耶，譯爲不動、無動、或無忿、無嗔恚等。係東方妙喜世界（又稱善快妙樂）的教主，在東密教義占金剛界的中央，大日如來東邊的位置。據《阿閦佛國經》卷上《發意受慧品》與《善快品》所載："過去東方去此千佛刹，有阿比羅提世界，大日如來出現其中，爲諸菩薩説六度無極之法，其中有一菩薩，聞法後發無上正真道意，發願斷嗔恚，斷淫欲，乃至成就最正覺，大日如來歡喜而賜號'阿閦'。"阿閦菩薩遂於東方阿比羅提世界成佛，現仍在那裏説法度衆。

又據《法華經》卷三《化城喻品》載："大通智勝佛未出家時有十六王子，後皆出家而爲沙彌，其第一子爲智積，即阿閦，於東方歡喜國成佛。"《悲華經》卷四載："阿彌陀佛於過去世爲無諍念王時有千子，其第九子蜜蘇即阿閦，在東方成佛，國號妙樂。"

密教以此佛爲金剛界五佛之一，象征大圓鏡智。位於五解脱輪中之正東月輪中央，前方爲金剛薩埵，右方爲金剛王菩薩，左方爲金剛愛菩薩，後方爲金剛喜菩薩。形象爲金黃色，左手作拳安於臍前，垂右手觸地，即所謂阿閦佛觸地印，密號爲不動金剛。三昧耶形爲五股杵。

十九、開敷華如來

開敷華如來，位於胎藏界八葉院中南方之佛。經書稱華開敷。疏雲："沙羅樹王開敷佛，金色放光明。"屬於離垢三昧的佛相，爲平等性智所成，司五德中第二修行之德，長養大悲萬行開敷萬德，故稱華開敷。密號平等金剛。在金剛界即寶生如來。《大日經》曰："南方大勒勇，遍覺華開敷。金色放光明，三昧離諸垢。"疏曰："南方觀婆羅樹王華開敷佛，身相金色光明如住離垢三昧之標相，自菩提心長養大悲行。"今成遍覺，萬德開敷，故以爲名。

二十、寶幢如來

寶幢如來，音譯爲囉怛曩計睹。位於密教胎藏界曼荼羅中臺八葉院東方之佛。赤白色，即日出之色。寶幢，爲以菩提心統帥萬行而降服四魔軍衆的標幟，密號福壽金剛、福聚金剛。爲如來轉第八識而得大圓鏡智所成，此鏡智含藏一切智德，故又稱福壽。其形象，左手爲拳，安於脅，右手垂而觸地，種子爲無點的引字，爲初發菩提心之故。金剛界即是阿閦如來，密號同，是四種法身中自受用身。《大日經》説：“東方號寶幢，身色如日暉。”次於四方八葉上觀四方佛，東方觀寶幢如來，如朝日初現，赤白相輝之色。

寶幢是發菩提心之意也，譬如軍將統禦大衆，要得幢旗然後部分齊一，能破敵國，成大功名。如來萬行亦復如是，以一切智願爲幢旗，於菩提樹下降伏四魔軍衆，故以爲名也。

寶幢如來的形象爲身呈淺黃色，著赤色袈裟，偏袒右肩，左手向内，執持袈裟之二角置於胸，右手屈臂，稍豎而向外開，復稍仰掌垂指，作與願印，結跏趺坐於寶蓮上。

又有人以爲寶幢如來與東方的阿閦如來、《阿彌陀經》中的西方寶相佛、《稱贊净土佛攝受經》的西方大寶幢如來同尊。

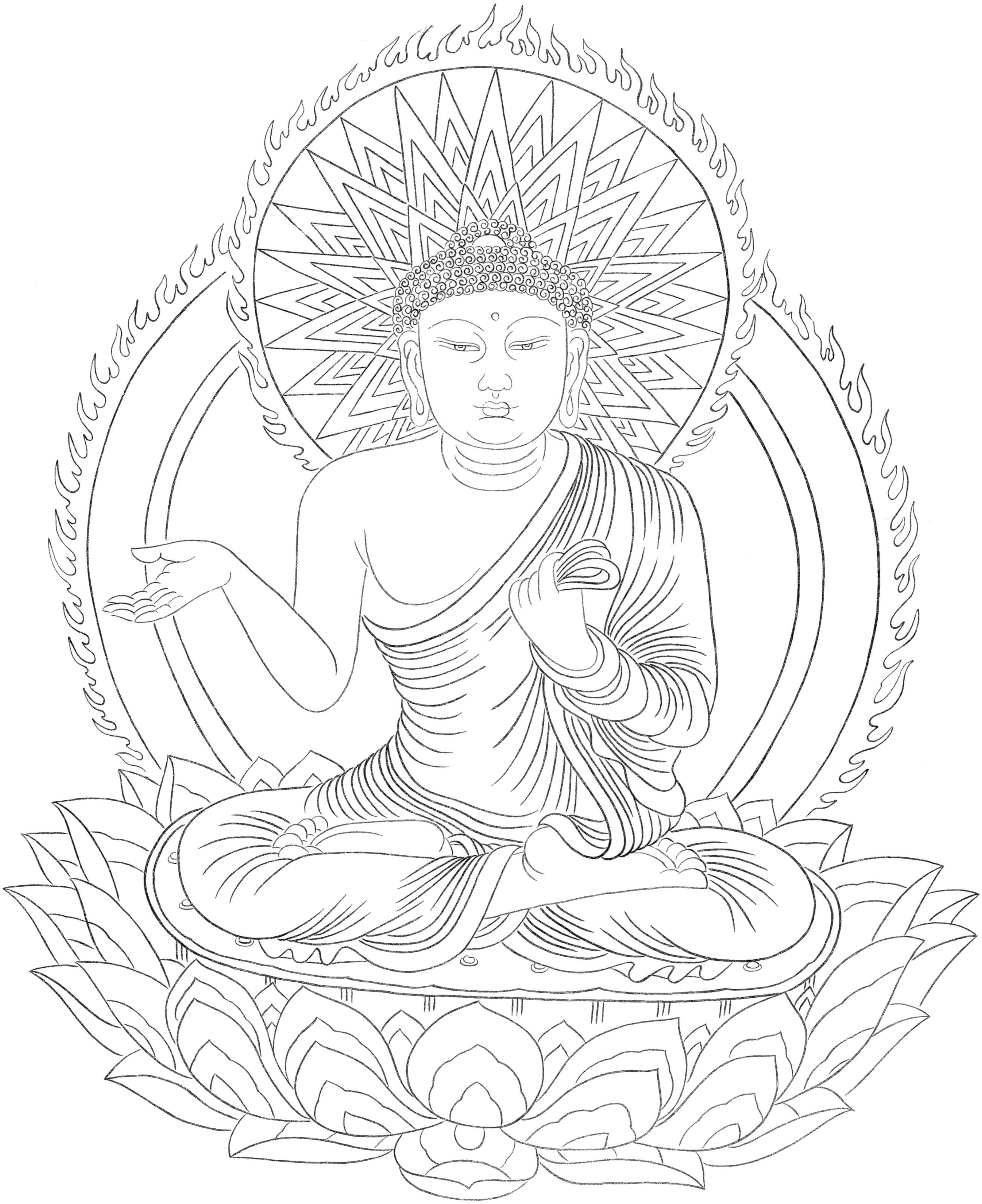

一四六、寶幢如來

二十一、天鼓音如來

天鼓音如來，胎藏界五佛之一，在中臺八葉院北方葉上。結金剛部定印，主大涅槃德。即金剛界不空成就佛，如釋迦同體，是四法身中的等流身。《大日經》真言品稱爲不動佛，《同入秘密曼荼羅位品》稱爲鼓音如來，不動之名，善無畏三藏或由義而立，或爲經文說。如由義主，則指涅槃不生不滅之德謂不動。天鼓雷音名出於《密藏記》：鼓音謂天鼓雖無形象而包容一切法音。《大日經疏》卷四曰：“次於北方觀不動佛，作離清凉住於寂定之相，此是如來涅槃智，是故義雲不動。”非其本名也。本名應爲鼓音如來，如天鼓無形象亦無住相，而能演說法音，警悟衆生。大般涅槃亦復如是，非如二乘永寂，都無妙用，故以爲喻也。《秘密記末》曰：“北方天鼓音如來，赤金色，入定之相。”

天鼓雷音如來的形象，周身金色，左手作拳，手心向上，安於臍下，右手指端觸地，結觸地印，跏趺坐寶蓮花。

二十二、寶生如來

寶生係梵名，音譯爲羅怛曩三婆縛，爲密教金剛界五佛之一。位於金剛界曼荼羅成身會等之五解脫輪中，正南方的月輪中央。此尊以摩尼寶福德聚功德，能滿一切衆生所願，更能於行者昇至法王位時予以灌頂。爲五部中之寶部所攝，主五智中之平等性智。

此尊密號爲平等金剛，三昧耶形爲寶珠。其形象於金剛界諸會中互有差異，如於成身會中，全身呈金色，左手握拳置於臍下，右手向外展開，而無名指、小指稍屈，其餘三指舒展，結施願印，結跏趺坐於蓮花座上。另依《大樂金剛薩埵修行成就儀軌》載："其身黃色，左手握拳，持衣角置於胸前，右手作施願印。"

又據《金光明經》卷一、《觀佛三昧海經》卷九、《陀羅尼集經》卷十等所說，此尊於四方四佛中，相當於南方寶相佛，亦相當於《金光明最勝王經》卷八所說之南方寶幢佛。

此外，《守護經》中記載，寶生佛的印契是滿願印，即左手持衣角當心，右手仰掌。修法時，觀想自身都融成金色，此身即成爲寶生如來。并從頂上放出金色光明，現出無量金色菩薩，各個手中雨下如意寶，光照南方如恒河沙般的世界。衆生如遇到此佛光，則所有的願求都能得到滿足。這種觀想法，也象征寶生佛"滿足衆生所求"的本願。

二十三、拘留孫佛

拘留孫佛梵名"Krakucchana—buddha"，是過去七佛中的第四尊佛，也是我們現在賢劫千佛中的第一尊佛，又譯爲迦羅鳩孫陀佛、俱留孫佛、迦鳩留佛、迦留秦佛，意譯爲領持、滅纍、所應斷已斷、成就美妙等。

據《長阿含經》卷一記載，在賢劫中人壽四萬歲時，拘留孫佛出現於世，爲婆羅門種姓，姓爲迦葉。父名爲記得，母名爲善枝，子名爲上勝。時，國王名爲安和，王城名爲安和城。

他在尸利沙樹巴利文"Sirisa"下成道，曾有一會説法，度化弟子四萬人。上首的弟子有薩尼、毗樓等，執事弟子名爲善覺。

在《觀佛三昧海經》卷十《念七佛品》中説："拘留孫佛亦放光明住行者前，其佛身長二十五由旬，相好具足如紫金山。見此佛者，常生浄國，不處胞胎，臨命終時，諸佛世尊必來迎接。"

關於拘留孫佛的遺迹，據《高僧法顯傳》所載，舍衛城東南十二由旬的那毗伽邑爲拘樓秦佛所生之處，父子相見之處，也都立有佛塔。此外《大唐西域記》卷六《劫比羅伐窣堵國》條下記載，無憂王（阿育王）在迦羅迦村馱佛（拘留孫佛）的舍利塔前，立有三十餘尺的獅子頭石柱，但現在還未發現此遺迹。

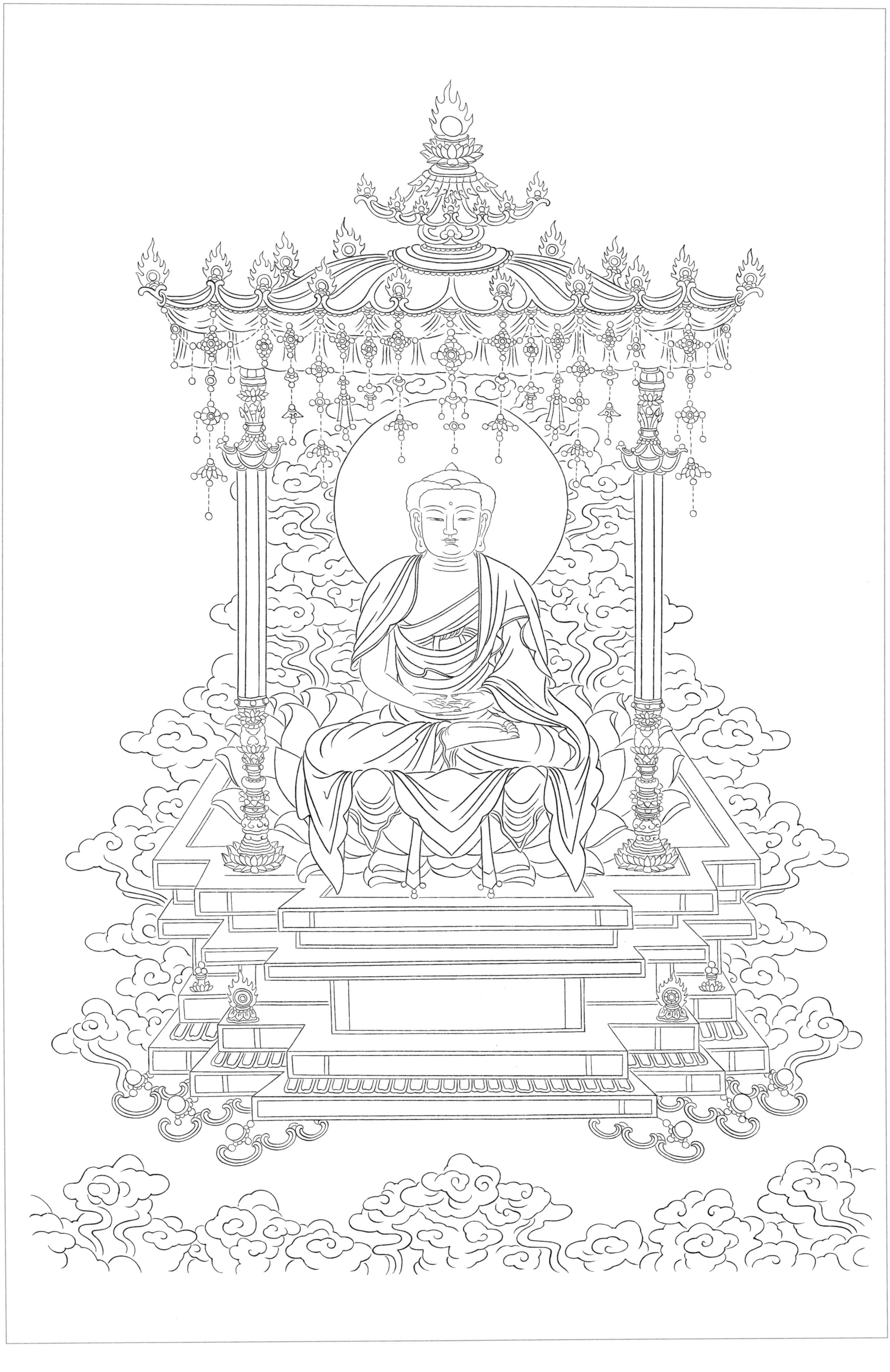

一五一、拘留孫佛

二十四、不空成就如來

不空成就如來梵名"Amogha—Siddhi"，又稱不空成就佛，是金剛界五佛之一，即位於金剛界曼荼羅成身會等五解脫輪中，正北月輪中央的如來。在蜜教胎藏界中，稱他爲北方天鼓雷音佛，顯教經典則稱爲天鼓音佛或雷音王佛。

不空成就佛在顯教裏，較不爲人所熟知，也很少被大衆單獨禮拜與供奉，其顯示的意，主要是在密教觀想與修法之上。

在五方五佛當中，不空成就佛的方位是北方，象征的顏色爲黑色，但在藏密則轉爲綠色。

不空成就佛在五佛智中，轉眼、耳、鼻、舌、身等五識成智，代表大日如來的成所作智，所以也象征能以大慈的方便，成就一切如來事業及衆生事業。

據密典所傳，修法者由於不空成就佛的加持，在諸佛事及有情事上都能圓滿成就，而且能成辦自他兩利的妙行，并遠離一切煩惱。

據《諸佛境界攝真實經》所記載，不空成就佛的印契是施無畏印，即左手五指執持衣的兩角，右手展開手掌，豎起五指，掌面當肩向外。這一個印相，象征此一佛陀拔濟有情與所作成辦的功德。如果勤修以此佛爲本尊的法門，則可證入不空成就如來三昧。在《圖像抄》第一所舉的像，即是依據此說。

另外，此佛形象在成身會爲通身金色，左手結拳印，安置膝上，右手舒覆五指當胸，蓮花座上結跏趺坐。而在降三世羯磨會的形象則是：二手握拳，右手在內，左手在外，兩手於胸前相交叉。

在密教圖像裏，不空成就佛的四方，通常都安置有四位菩薩。四位菩薩的方位與顏色如下：前方是金剛業菩薩，肉色；右方是金剛護菩薩，青色；左方是金剛牙菩薩，白黃色；后方是金剛拳菩薩，青色。

二十五、佛

佛是梵語之音譯，全稱佛陀。意指覺悟真理者，亦是自覺、覺他、覺行圓滿、如實知見一切法之性相、成就無上正等正覺之大聖者，乃佛教修行之最高果位。自覺、覺他、覺行圓滿三者，凡夫無一具足，聲聞、緣覺二乘僅具自覺，菩薩具自覺、覺他，由此更顯示出佛之尊貴。對佛證悟之内容，諸經論有多種説法，對佛身、佛土等，各宗派亦有不同説法，但大乘則總以"至佛果"爲其終極目的。

佛有七種殊勝功德超越常人，即身勝、如法住勝、智勝、具足勝、行處勝、不可思議勝、解脱勝等。佛之定、智、悲均爲最勝者，故稱大定、大智、大悲。

小乘的大衆部則認爲，其他三千大千世界，同時有其他諸佛存在，故主張"一界一佛，多界多佛"之説，有部則主張"多界一佛"説，此時"界"係指三千大千世界而言。

據《華嚴經》説，佛有十種："一者正覺佛：爲佛於菩提樹下降服諸魔，廓然大悟，證無上果，是名正覺佛。二者願佛：謂佛從兜率天下生人間，説法度生，酬宿因願，是名願佛。三者業報佛：謂佛修萬行清净業因，感相好莊嚴果報，是名業報佛。四者住持佛：謂佛真身及於舍利，住持世間，永久不壞，是名住持佛。五者涅槃佛：華言滅度，謂佛應身，化事既終，示現滅度，是名涅槃佛。六者法界佛：謂佛證一真法界無漏之體，有大智慧，放大光明遍照一切，是名法界佛。七者心佛：謂佛心體離念，虛徹靈通，本來真覺，寂然獨照，是名心佛。八者三昧佛：梵語三昧，華言正定，謂佛常住大定，如如不動，了知一切，是名三昧佛。九者本性佛：謂佛具大智慧，照了自性本來是佛，具足恒河沙性妙功德，是名本性佛。十者隨樂佛：謂佛隨機樂欲，如意速疾，即爲現身説法，令其行業成就，是名隨樂佛。"

一五九、南無大日遍照佛

一六〇、南無栴檀佛

二十六、八十八佛之五十三佛

八十八佛是五十三佛與三十五佛之合稱。五十三佛出自《觀藥王藥上二菩薩經》，三十五佛出自《大寶積經》卷九十八優婆夷會。

1.南無普光佛：普字，是周遍的意思。普光，是説佛的智慧光，能够周遍照到一切的境界。

2.南無普明佛：四十二品無明，佛都完全破盡了，没有一絲一毫微細的無明，所以稱作普明。

3.南無普净佛：《法華經》説：微妙净法身，具三十二相，是説佛身的清净。《仁王經》説："三賢十聖住果報，唯佛一人居净土。"是説佛土的清净，身也净，土也净，所以稱作普净。

4.南無多摩羅跋旃檀香佛：多摩羅跋，是一座山的名字。多摩羅跋是梵語，譯爲離垢，就是離開一切垢穢的意思。旃檀，是一種香的名稱，譯爲"與樂"兩個字，就是可以把它當做藥醫治病的意思。這種香形狀像牛頭，所以叫牛頭旃檀。《華嚴經》説：摩羅耶山出旃檀香，名曰牛頭，若以塗身，設入火坑，火不能燒。這種香有這樣大的用處，所以拿來比喻佛破盡了一切的惑，證得了一切種智。就是現身在三界火宅裏頭，也能够不被那一切的煩惱火燒著，所以稱作摩羅跋旃檀香。

5.南無旃檀光佛：這一尊佛，在修菩薩道的時候，專門修念佛三昧、香莊嚴的法門。所以成了佛后，就得到了這個名號。

6.南無摩尼幢佛：摩尼，就是如意寶珠能够生出種種寶來的。摩尼幢，就是用摩尼寶珠來結成的幢，是比喻佛説的種種法門，流出種種的法寶來，莊嚴一切眾生心地的意思。

7.南無歡喜藏摩尼寶積佛：《法華經》説："方便説諸法，皆令得歡喜。"藏字，是庫藏。庫藏裏頭，是收藏一切寶貝東西的。佛是一切法寶的庫藏，所以稱歡喜藏。積字，就是聚攏來，摩尼寶，是寶貴的珠，再加上一個積字，是説積聚了許多許多的寶珠，這都是稱讚佛的意思。

8.南無一切世間樂見上大精進佛：一切世間，是通指法界眾生説的，樂字，就是歡喜的意思，樂見兩個字，是説歡喜看見這一尊佛。上大精進，就是勇猛精進到極頂的意思。

9.南無摩尼幢燈光佛：摩尼幢，是用摩尼寶珠結成的幢，燈光上加摩尼幢三個字，是説燈光的明亮，是取破除眾生痴暗的意思。

10.南無慧炬照佛：炬，俗語叫火把，佛的智慧光，像火把那樣的光，可以周遍照耀一切的法界，所以稱作慧炬照。

11.南無海德光明佛：佛的功德，深遠廣大，不可以測量的，佛的光明，也是這樣無窮無盡的，所以把海比佛的功德光明。

12.南無金剛牢强普散金光佛：金剛，是比喻佛的智慧。牢强，是堅固的意思。普散金光，是佛的金剛智慧光，周遍散開來，一切世界都能够普照得到。

13.南無大强精進勇猛佛：佛有不可思議的大威德力，所以稱作大强，强是有大力量的意思，佛説法度眾生，没有厭倦的心，所以稱作精進。能够降伏天魔外道，所以稱作勇猛。

14.南無大悲光佛：佛的悲心無量，悲心就是救度苦惱眾生的心。所以稱作圓滿大悲。光字，是遍照一切眾生的意思。

15.南無慈力王佛：佛看待一切眾生，都像是自己的兒子能够真實地給他們無上的快樂感受。所以稱作慈力，佛的慈力，勝過一切大菩薩，所以稱作慈力王。

16.南無慈藏佛：《法華經》説："如來有無量智慧力，無所畏，諸法之藏。能與一切眾生大乘之法。"這兩句經文的意思，是説佛有種種的法，多的像庫藏一樣，都是用來化導眾生的，所以要化導眾生，就是佛哀憐眾生的慈悲心。慈藏兩個字，就是這種意思。

17.南無栴檀窟莊嚴勝佛：窟，就是空的洞，佛身上的八萬四千毛孔裏頭，都流出栴檀的香氣來，周遍到一切的法界。用這種功德香莊嚴自己的法身，所以立這個名號。佛這個身體，像安放栴檀香的洞一樣，所以叫栴檀窟。就是说香得不得了的意思。

18.南無賢善首佛：講起賢德同善行來，都没有能比倒佛的，首，就是頭，在身體上是最高的地位，没有比首再高的東西了。用一個首字，就是说佛的賢德善行，没有比佛再高的了。

19.南無善意佛：一切的善行，只有慈悲心最爲第一。《十六觀經》说："佛心者大慈悲是。"佛的心裏頭，完全是一種的大慈大悲，所以稱作善意。

20.南無廣莊嚴王佛：世間的人王、天王，靠前生修福德善行的果報，也是有一分微細莊嚴相的。但是比起大法王的莊嚴，那就天差地别了。就是諸大菩薩的莊嚴相，也還比不上佛，在莊嚴上再加上一個廣大的文字，那就更加只有佛可以稱了。

21.南無金華光佛：金字，是比喻清净的性德，華字，是比喻清净的修德，從清净性上，發起清净的修行妙用來，就是從清净修上，顯出清净性的本體來。《楞嚴經》说："净極光通達"。就是清净極了，這種發出來的光，寶貴的很，燦爛的很，可以遍照各處，所以稱金華光。

22.南無寶蓋照空自在力王佛：佛用大慈大悲心，普度一切衆生。像是拿寶蓋掛在虛空裏頭，光明遍照的樣子，自在力王四個字，就是法華經上说的"我爲法王，與法自在"兩句。意思是说我是法王，不論對了什麼法，都能够解脱自在，没有一絲束縛的。

23.南無虛空寶華光佛：金光明經上说："佛真法身，猶如虛空。"虛空兩個字，是表顯佛的法身，就是说的法身是無量無邊的，同虛空一樣的。寶華兩個字是表顯佛的報身，就是说佛有這樣好的報身，還是在做法藏比丘的時候，發了大願修成的。從報身上化出無數應身來，像是從寶華上發出種種的光來，一樣的道理。這一個名號，就完全表顯佛的三身了。

24.南無琉璃莊嚴王佛：琉璃，是一種青色的寶。這種寶是很堅固的，不論什麼東西，都不能够破壞它的，就是用火來燒，也燒不壞的。譬如佛的真身，常住不滅的。莊嚴有兩種，一種是福德莊嚴，一種是智慧莊嚴，佛稱作兩足尊。就是说這兩種的莊嚴，都是滿足的，所以稱莊嚴王。

25.南無普現色身光佛：佛應衆生的機，或是現身说法，或是放出光來照他們，像是天上的月影，周遍照到一切水裏頭，只要同佛有緣，都能够看到的，這就叫普門示現。意思就是普遍地顯現出來。

26.南無不動智光佛：佛的根本智，是寂静不動的。在這寂静裏頭，却是自然有一種遍照法界的妙用，這就是不變隨緣的道理。

27.南無降伏衆魔王佛：照大論上说：魔有四種，煩惱魔、五衆魔、死魔、天子魔。罵意經上说：有五魔，一天魔、二罪魔、三行魔、四惱魔、五死魔。現在说衆魔王，是指一切所有的惡魔，都包括在裏頭了。佛座道場的時候，總是先降伏魔王的。

28.南無才光明佛：這個才字，就是無礙辯才。無礙辯才，是说口才好，佛说起法來，没有人能说得過佛，也没有能辯得過佛的。并且能够使人聽了明白，聽了喜歡，聽了得利益，没有一些障礙。用無礙辯才，顯出無量無邊的智慧光明來，照破一切衆生的愚痴昏暗。

29.南無智慧勝佛：没有出三界的凡夫，一切的惑，絲毫也没有破，叫作没有智慧。二乘雖破一種見思惑，只算得有些小智慧罷了。菩薩破了塵沙惑，還要一分一分地破無明惑。比二乘的智慧，雖然殊勝的多了，但是無明没有破盡，就是智慧没有滿足。只有無明惑完全破盡，證得了佛的一切種智，才可以说是智慧勝。智慧勝，就是智慧超勝，没有人能够勝過的意思。

30. 南無彌勒仙光佛：彌勒仙光四個字的意思，是説佛的大慈悲心，發出來的光，能够普遍照到一切法界的，光字上面加一個仙字，是稱讚光的特别明亮。

31. 南無善寂月音妙尊智王佛：佛證的境界，叫作寂光真境。寂裏頭有光，所以本體不變動，能够隨衆生的機緣現相的，光仍舊是寂，所以雖然隨緣現相，本體還是没有變動的，這叫作善寂，不是像二乘的一味空寂，空寂就成了枯寂了，没有照的妙用的，所以不能够稱善寂。月音的月字，是取圓滿的意思，佛用一種音説法，一切衆生，聽了都能够明白，這叫作圓滿音。佛的一切種智，神妙不測，最尊最上，所以稱作妙尊智王。

32. 南無世净光佛：佛的大智慧光，能够使得一切世間都清净莊嚴，所以稱世净光。

33. 南無龍種上尊王佛：龍字，是比喻佛的。《本行集經》稱佛是龍。《涅槃經》稱佛是人中龍王。龍是衆生裏頭最大、最靈、最神妙、最會變化的一種動物，能够現大的形相，也能够現小的形相，所以稱作各種水族的王。佛是人裏頭最上最尊的，所以拿水族裏頭最上最尊的龍來比喻，佛又是最尊無上的大法王，所以稱作上尊王。

34. 南無日月光佛：日光不論遠近，可以同在一個時候，各處都能照到，譬喻佛的實智。月光隱顯不定，隨着時候顯現的，譬喻佛的權智。

35. 南無日月珠光佛：日光是很明净的，譬喻佛的道種智；月光是很清凉的，譬喻佛的一切智；珠光是很圓妙的，譬喻佛的一切種智，三種智慧光，只有佛是完全具足的。

36. 南無慧幢勝王佛：幢，是供在佛面前的一種莊嚴品，像綉花的傘蓋，加一個慧字，是譬喻佛的智慧，比一切衆生都高，可以莊嚴一切的法界，勝過一切的人王天王，自在無礙的，所以稱作勝王。

37. 南無獅子吼自在力王佛：佛的説法，稱作獅子吼，吼，就是叫。獅子，是各種野獸的王，獅子的聲音又大又猛，所以獨有獅子的叫，稱作吼，獅子吼叫一聲，各種野獸，都嚇的伏住了不敢動。譬喻佛説起法來，聲音又高又遠，各處都聽得到，凡是聽法的衆生，也都净了心一樣的。《法華經》説：如來一切自在神力，又説我爲法王，所以佛稱自在力王。

38. 南無妙音勝佛：妙音，是贊佛聲音的微妙，勝字，是勝過九法界的意思。《華嚴經》説：“一切世界妙音聲，悉無能及如來音，一音遠震遍十方，是大勝音妙法門。”這四句的意思，是説所有一切世界上好聽的聲音，都不及如來的妙音。如來的妙音，可以震動十方世界，聲音一發動了，所有十方世界，不論遠近，都可以聽到的，所以叫勝音。

39. 南無常光幢佛：佛開示種種的法門，叫建法幢。用這個法幢，來表顯一切衆生自己的心性，本來具足智慧光明，常住不變的。

40. 南無觀世燈佛：用佛的無上智慧，觀照世間法，同出世間法，一切法的真實相，像是暗的地方點了燈，没有看不到的東西了，不但是照破自己的一切暗相，也能照破法界衆生的一切暗相，所以佛稱世間燈。《普賢行願品》所説的“所有十方世間燈”就是稱讚佛的。

41. 南無慧威燈王佛：諸佛説法度衆生，對心性柔軟的人，用智慧的光明力來攝受他；對那些心性剛强的人，用威德的光明力來折服他。那種智慧的光、威德的光，都是照破衆生的愚痴昏暗的，所以用燈來做譬喻。

42. 南無法勝王佛：一切的法，只有佛法是最勝。《法華經》説：“如來三界中爲大法王。”這一句的意思，是説佛是三界裏頭的大法王，這個大字，是包含大、多、勝三種意思的，那么法勝王，也就是大法王了。

43. 南無須彌光佛：須彌山的全體，是四種寶會成的，所以能够發光，譬喻佛的身體完全是四種智的光明相，四種智是大圓鏡智、平等性智、妙觀察智、成所作智。

44. 南無須曼那華光佛：須曼那，是稱心如意的意思，也是一種花的名目。這種花的光相，有黃白兩種顏色，并且很香的，沒有人不歡喜的，所以叫作稱意，譬喻佛應眾生的機，放光說法，能够使得大眾都生歡喜心。

45.南無優曇鉢羅華殊勝王佛：優曇鉢羅，譯爲祥瑞，意思是說這種花開了，就會有祥瑞出現。也是一種華的名目，這種華不是常常有的，照《般泥洹經》的說法，若是優曇鉢羅樹上，開了金色的華，那么世界上，就有佛出現了。照《施設論》的說法，若是閻浮提出了轉輪王，方有這種華生出來，這種華是有祥瑞的事情快要出現的時候，才會生出來的，所以也叫瑞應。殊字，是不同尋常的意思；勝字，是超過一切的意思；王字，是尊貴無比的意思。這個名號，是拿這種寶華來比喻讚嘆佛的功德的，就是很難得的意思。

46.南無大慧力王佛：修行人要破除迷惑，必須靠智慧的力量，佛把所有一切的見思惑、塵沙惑、無明惑完全都破得净盡了，才可以稱是大智慧力的法王，這一尊佛的德號，同前邊智慧勝佛是差不多的意思。

47.南無阿閦毗歡喜光佛：佛證得真如法身，本來是不變動的，隨順眾生的機緣，現出無量應化身的光相來，演說種種妙法，使得大家都生歡喜心，這就叫不變隨緣。雖然隨順眾生的機緣，現身說法。但是佛的根本智，實在并沒有變動，這就叫隨緣不變。佛號稱“阿閦毗”就是不變動的意思。佛能够隨順眾生，使得眾生都歡喜，又能够現出種種的光相來，所以稱歡喜光佛。

48.南無無量音聲王佛：《維摩經》說：“佛以一音演說法，眾生隨類各得解。”這兩句的意思，是說佛的說法，只是一種聲音，但是各類的眾生，聽了自然都能够明白。那么佛雖然只說一種聲音，自然能够化出無量種類的聲音來的，所以稱無量音聲王。

49.南無才光佛：一切諸佛化度眾生，用的兩種法，一種是無礙辯才，說種種的妙法，化度他們；一種是放種種的光，照著他們的身體，使得他們心裏頭自然能够覺悟。

50.南無金海光佛：“金”是堅固不壞的，表顯心性的體。“海”是廣大無邊的，表顯心性的相。“光”是自在無礙的，表顯心性的用。用這三個字作佛號，體相用完全具足了。

51.南無山海慧自在通王佛：“山”是譬喻佛智慧的高大，“海”是譬喻佛智慧的深遠，佛用這高大深遠的智慧，照一切法，所以能够融通無礙，得大自在。

52.南無大通光佛：“大”字是顯的法身德，法身對不論什么，都包含在裏頭，所以說是大。“通”字是顯的解脱德，解脱就沒有障礙，所以說是通。“光”字是顯的般若德，般若能够照破痴暗，所以說是光。用這三個字作佛號，是三德完全具備的。

53.南無一切法常滿王佛：一切法的體性，就是真如性。所以一切的法，都是常住的，都是圓滿的。完全證得了這種道理，才可以稱作法王。從普光佛起，一直到這一尊佛，總共五十三尊佛的名號，就能够百千萬億阿僧祇劫，不墮落到惡道裏頭去。能够念這五十三佛的人，生生世世常常可以見到佛。能够恭敬禮拜這五十三佛的人，那么所有五逆十惡，種種重罪，一齊都可以消滅了。過去莊嚴劫的一千尊佛，現在賢劫的一千尊佛，未來星宿劫的一千尊佛，都是因爲稱揚讚嘆，恭敬禮拜這五十三佛，所以能够早成佛道的，可見的稱念禮拜這五十三佛的功德，實在是不可思議的。

一七三、五十三佛之三　南無普凈佛

一七六、五十三佛之六　南無摩尼幢佛

一七七、五十三佛之七　南無歡喜藏摩尼寶積佛

一七八、五十三佛之八　南無一切世間樂見上大精進佛

一七九、五十三佛之九　南無摩尼幢燈光佛

一八一、五十三佛之十一　南無海德光明佛

一八三、五十三佛之十三　南無大強精進勇猛佛

一八四、五十三佛之十四　南無天悲光佛

一八五、五十三佛之十五　南無慈力王佛

一八七、五十三佛之十七 南無栴檀窟莊嚴勝佛

一九八、五十三佛之二十七　南無降伏眾魔王佛

二〇〇、五十三佛之二十九　南無智慧勝佛

二〇一、五十三佛之三十　南無彌勒仙光佛

二〇六、五十三佛之三十五　南無日月珠光佛

二○七、五十三佛之三十六　南無慧幢勝王佛

二〇八、五十三佛之三十七　南無師子吼自在力王佛

二二二、五十三佛之四十一　南無慧威燈王佛

二二六、五十三佛之四十五　南無優曇鉢羅華殊勝王佛

二一八、五十三佛之四十七　南無阿閦毗歡喜光佛

二一九、五十三佛之四十八　南無無量音聲王佛

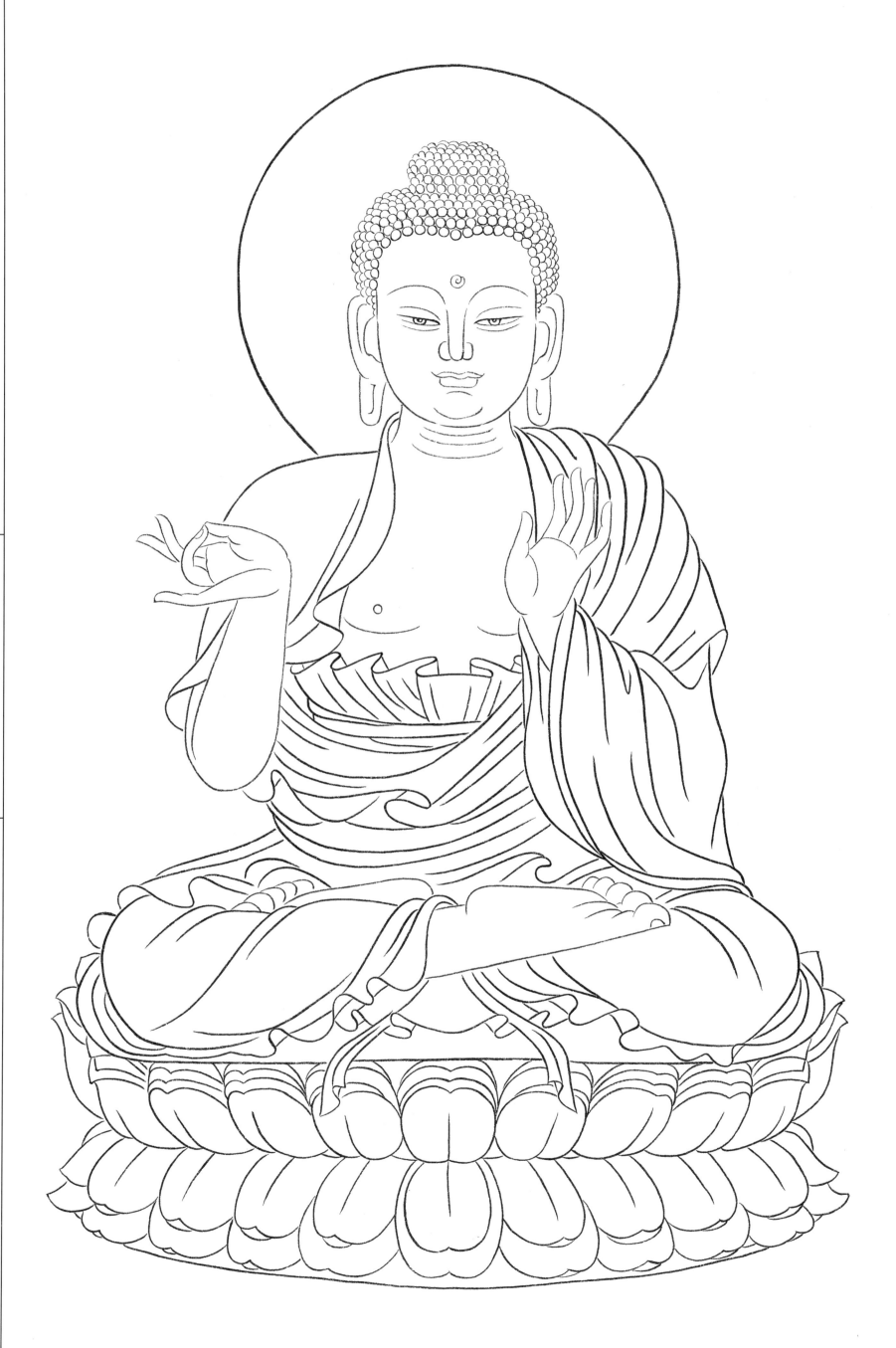

二三四、五十三佛之五十三　南無一切法常滿王佛

二十七、八十八佛之三十五佛

1.南無釋迦牟尼佛：釋迦牟尼，是梵語翻譯中國文，“釋迦”是能仁兩個字，就是能够大慈大悲，普度一切眾生，不取涅槃的意思。“牟尼”是寂寞兩個字，“寂”是無相，《金剛經》說：“離一切諸相，即名諸佛。”這兩句的意思，是說能够離一切相的人，就叫作佛，就是這寂字的道理，“默”是無說，經上常常說到的，佛說法四十九年，實在沒有說一句法。《金剛經》說：“如來無所說。”是說佛沒有說什麼法，就是這“默”字的道理。“寂默”是智慧合著真理，不住生死的意思。

2.南無金剛不壞佛：佛身是智慧光的相，堅固不壞的。《寶積經》說：“如來的身，是金剛的身，不壞的身，堅固的身。”所以讚嘆佛的身，是金剛不壞身。

3.南無寶光佛：“寶”是尊貴的意思。《華嚴經》說：“一切世間諸光明，不及佛身一毛光。”這兩句的意思，是說一切世界上的種種光明，都不及佛身上一根毫毛的光，所以佛光稱作寶光。

4.南無龍尊王佛：“龍”是眾生裏頭最有神通變化的，是一切水族眾生的王，所以水族的眾生，都是尊敬龍的，譬喻九法界都尊敬佛一樣。佛有種種的神通自在，所以稱一切世間最尊無上的法王。

5.南無精進軍佛：“精進”是勇猛前進的意思。世間的勇將，哪怕是專門打勝仗的人，稱作常勝軍的，也不能够把所有的怨賊完全都殺盡的，況且只能够殺那有形的怨賊，不能够殺那沒有形的怨賊。到碰著了無常鬼，終究不免要被它活捉去的。三乘的聖人，雖然能够殺沒有形的怨賊，但是無明沒有破盡，總還有這法身的怨賊，只有佛把所有一切的惑，完全都破盡了，再也沒有一絲一毫的怨賊了，所以佛稱作大雄、大力、大法將，就是這精、進、軍三個字的意思。

6.南無精進喜佛：功德圓滿，證到了佛的地位，這是自利一邊的大歡喜。兩種大歡喜，都是從三大阿僧祇劫，勇猛精進的修行上得來的，所以稱作精進喜。

7.南無寶火佛：智慧稱作寶，是取清净無垢的意思；稱作火，是取光明遍照的意思。佛證得了無上智慧，所以稱是寶火佛。

8.南無寶月光佛：月光是很清凉的，照著的人，都覺很爽快的。諸佛菩提智寶的光，照著了眾生，能够使眾生身心快樂，還要比那清凉的月光更加覺得受用，所以稱作寶月光。

9.南無現無愚佛：《解深密經》說：“十地菩薩，總共有二十二種愚痴，每進一地，斷二種愚痴，一直證到等覺菩薩，還有二種極微細的愚痴。”要把這兩種極微細的愚痴斷盡，那就現出一點愚痴都沒有的相來了，就完全現出大菩提的相來了，就證到佛位了。

10.南無寶月佛：“寶”是讚嘆佛德，佛德就是佛寶。“月”是比顯佛身，因爲佛身光明無量，所以稱作佛月。月的體性，是虛空性，譬喻佛的法身，清净光明，圓滿常照；譬喻佛的報身，月影現在一切的水裏頭；譬喻佛的應化身。

11.南無無垢佛：佛證得清净法身，就是一切衆生的自性清净心，心體裏頭，本來是清清净净，没有一絲一毫垢穢的。

12.南無離垢佛：一切的垢穢相，都是從一念不覺上生出來的。一念不覺，就産生了分别、妄想、執着，這一念不覺，叫根本無明，佛把這根本無明完全破去。所有智德、斷德、兩種德相智慧，能破一切的愚痴，斷德，能斷一切的煩惱，兩種的德相都圓滿證足了所以能够永遠離開那一切垢穢的相了。

13.南無勇施佛："施"就是布施、財施、法施、無畏施，三種的布施功德，都勇猛精進，一齊都做完全，没有一些退縮的心，才可以説是勇施。

14.南無清净佛：佛用清净智，證得中道第一義諦，所以依報、正報都是完全清净的。《仁王經》説："唯佛一人住净土。"意思是説依報的清净。《法華經》説："清净光明身。"意思是説正報的清净。正報依報都清净了，所以稱清净佛。

15.南無清净施佛：《心地觀經》説："三輪清净是檀那。""檀那"是梵語，譯爲布施。能够布施的我，受布施的人，同了那所布施的東西，叫作三輪。不著這三種的相，叫三輪清净。《金剛經》説："菩薩於法，應無所住，行於布施。"意思是説不著相的布施，就是清净的意思。菩薩的法布施，尚且是這樣清净的，何况是佛呢。

16.南無娑留那佛："娑留那"是天上的一種吃了不死的藥，中文意思是甘露水，佛經上往往把甘露譬喻涅槃妙法。《金光明經》説："開甘露門，示甘露器，處甘露室，令諸生食甘露味。"所説的甘露，也就是涅槃的代名字。從前在北魏時候，有一個曇鸞法師，喜歡長生的，受了一位仙人，名字叫陶宏景的《仙經》十卷，就想修仙了。後來見着了印度來的一位高僧，名叫菩提流支，曇鸞問他佛有長生不死的妙法么？流支笑道，長生不死，就是佛的道理，除了佛法，再也没有能够長生不死的了，就把《十六觀經》，送給曇鸞，説道：照這個法門去修，永遠不會再在三界六道裏頭受生了。壽命的長久，哪怕你拿恒河沙的劫數來比，還比不上哩。曇鸞受了這《十六觀經》，就把那《仙經》燒了，一心的專修净業，後來果真往生到極樂世界去了。這是有確實證據的，可見得長生不死，實在只有佛道了。

17.南無水天佛：水的性是流動的，拿來譬喻衆生。天的體，是明净的，拿來譬喻諸佛。照俗諦説，諸佛同了衆生，高下也不相同，好比是天淵相隔。照真諦説，諸佛同衆生，是平等的，没有高下的，好比是水天一色。一色的水天，不妨相隔，相隔的天淵，可以一色。真俗融通，就是中道第一義諦，證得了這三諦的道理，就是佛了。還有一種説法，水天是龍神的名稱，因爲龍在水裏頭，能够有天的自在作用，佛稱人中的龍王，所以立這水天的德號。

18. 南無堅德佛：菩提涅槃的德相，最是第一堅固法，佛證得了大菩提，大涅槃，所以稱作堅德。

19. 南無旃檀功德佛：照大論上的説法，旃檀能够治熱病的，赤旃檀，能够除去風毒的，譬喻佛證得了滿足的五分法身香，所以煩惱熱病、無明風毒一起都消滅盡了。六祖説過，功德是在法身裏頭的，那末法身全顯，就是功德圓滿了。

20. 南無無量掬光佛："掬字'是兩只手捧東西的意思。平常説以至誠的心對待人，叫作掬誠，就是拿出誠心來。現在所説的掬光，是放光現相，使得有緣衆生，都能够覺悟的意思。《華嚴經》説："佛放無量大光明，一一光明無量佛，無數方便皆悉現，化度一切衆生類。"這四句偈的意思，是説佛放出無量的大光明來，在一道一道光裏頭，現出無量的佛來，無數的方便法，也完全都現出來，化度一切的衆生，就是這個德號的意思。

21. 南無光德佛：《華嚴經》裏頭，賢首菩薩品上説："光明有種種的名目，各各不同的。"名目盡管各不相同，不過都是表顯德用的，就像那無慳光，是表顯布施度的；清凉光，是表顯持戒度的；忍莊嚴光，是表顯忍辱度的；轉勝光，是表顯精進度的；寂静光，是表顯禪定度的；慧莊嚴光，是表顯智慧度的。可見的各種的光明，都是修行功德上生出來的，所以稱作光德。

22. 南無無憂德佛：憂悲苦惱，是十二因緣的生滅法，佛證得了真如妙性，圓滿了常樂我净的四種德，自然再也不會有憂惱了。

23. 南無那羅延佛："那羅延"是梵語，譯爲堅固的意思，同了"首楞嚴"三個字，差不多的。不過這兩種名詞，都是包含許多意義在裏頭的。能够明白"首楞嚴"的意義，"那羅延"的意義，也就明白了。

24. 南無功德華佛：佛身，是種種功德莊嚴成的，功德滿足，法身自然顯現出來了。像到了春天的時候，各種的花，自然一齊開放的樣子。

25. 南無蓮花光游戲神通佛："蓮"，是清净的本體，表顯佛的法身。"華"，是莊嚴的妙用，表顯佛的報身。"光"，是無礙的大用，表顯佛的應身。佛雖然有法身、報身、應身，但是這三身就是一身，一身就是三身，不動本位，遍現十方世界，這就是佛的游戲神通。

26. 南無財功德佛：世間的財物，碰着了水火盗賊，就保守不住了，今世所有的，一絲也帶不到後世去，所以叫作不堅固財。依照佛法修種種功德，叫作積聚法財。下了法財的種子，在八識田裏頭，永遠不會失落的，這叫作堅固財。自己修行，是自利的法財功德，兩種功德，都圓滿了，就成佛了。

27.南無德念佛：凡夫的念頭，都是著相的，叫作妄念。佛證得了真空實相，一切的妄念，完全沒有了，真如心性上，自然有一種遍照法界的妙用。《楞嚴經》説："十方如來，憐念衆生，如母憶子"。憐念，是哀憐他、紀念他的意思，佛憐念衆生，有這樣大慈大悲的恩德，所以稱作德念。

28.南無善名稱功德佛：佛在因地上行菩薩道的時候，廣修六度萬行、一切無漏的善法，到了功德滿足，證得了佛的果位，無上的大名稱，就十方世界沒有聽不到的了，所以叫善名稱。

29.南無紅焰帝幢王佛：紅焰的焰字，《梁皇懺》本上，作焰字解釋，是光，若是照焰字的解釋，那就是火光搖動的形狀，紅焰帝幢，是天帝官裏的赤珠寶幢。因爲這寶幢是赤珠結成的，所以發出來的光，全是紅色的，珠光閃耀，像是火在行動，所以叫作紅焰。這是表顯佛德高大，智慧光明，遍照一切法界的意思。

30.南無善游步功德佛：游步，就是行走。佛行走的樣子，像象一樣的，一直向中間大路上走去，不走斜路小路的，所以説是善游步。如來舉足下足的事情，一切諸大菩薩，都不能够曉得的，佛的一舉一動，無非是稱性的功德，所以立這個德號。

31.南無鬥戰勝佛：佛披了禪定的堅固鎧甲，用了智慧的鋒利刀劍，同一切外道邪魔戰鬥，沒有不勝過他們的。鎧甲，是譬喻禪定的堅固；刀劍，是譬喻智慧的鋒利。

32.南無善游步佛：佛的神足力，沒有來去相的，坐在一處道場裏頭，能够周遍現身到十方微塵世界去，普度一切有緣的衆生，這叫作善游步。

33.南無周匝莊嚴功德佛："匝"字，本來是周圍的意思。"周"是周遍的意思，佛的無上功德，周遍莊嚴一切的法界，普利一切衆生，永遠沒有窮盡的。

34.南無寶華游步佛：佛的三十二相裏頭，有一種相，叫千輻輪，是佛的足底下，有許多輪寶形的好相。"若欲行時，寶華承足"。這兩句，就是説佛若是舉足游行，自然有衆寶妙華，托住佛的千輻輪足，往來十方，沒有踪迹可以尋找的。

35.南無寶蓮華善住娑羅樹王佛："蓮華"是最清净的華，況且還是衆寶合成的蓮華，那是更加顯得本體的清净了。用蓮華兩個字，是因爲蓮華雖然生在泥土裏頭，但是仍舊不染污華的潔净，所以借來表顯心性隨緣不變的道理。善住的住字，就是常住不變的意思，心性不生不滅，不垢不净，不增不減，永遠是這樣的，所以稱作善住。娑羅樹，是很大的，所以稱樹的王。佛現涅槃相的地方，就是在娑羅樹底下的，這善住娑羅樹六個字，是表顯心性不變隨緣的道理。從前邊釋迦牟尼佛起，一直到這一句佛號，總共三十五尊佛，都出在決定毗尼經上的。《寶積經》説："一切衆生，若有五逆十惡，萬劫不通懺悔者，應須頂禮三十五佛。至心懺悔一切罪障，既皆除滅。"那么禮拜稱念這三十五佛，實在是有不可思議的大功德。因爲能够消滅一切極惡重罪，所以一定要至誠地禮拜稱念。

二三四、三十五佛之十　南無寶月佛

二四三、三十五佛之十八　南無堅德佛

二四四、三十五佛之十九　南無栴檀功德佛

二四五、三十五佛之二十　南無無量掬光佛

二四六、三十五佛之二十一　南無光德佛

二四七、三十五佛之二十二　南無無憂德佛

二四八、三十五佛之二十三　南無那羅延佛

二五一、三十五佛之二十六　南無財功德佛

二五二、三十五佛之二十七　南無德念佛

二五三、三十五佛之二十八　南無善名稱功德佛

二五四、三十五佛之二十九　南無紅焰帝幢王佛

二五七、三十五佛之三十二　南無善游步佛

二六〇、三十五佛之三十五　南無寶蓮華善住娑羅樹王佛

二十八、佛的十種尊稱

有人問："如來佛"是不是專指釋迦牟尼佛呢？不是，如來是對一切佛的尊稱之一，像這樣的尊稱共有十個：如來、應供、正遍知、明行足、善逝世間解、無上士、調禦丈夫、天人師、佛、世尊，共十個名稱都是佛的共稱。

1. "如來"這個名詞是從梵語譯出來的，"如"字就是"真如"，即一切（事物）的真實狀況，它又包括"如實"的意義。佛經對"如來"的解釋是："乘真如之道而來。"又説"如實而來"。也稱如去，意指來、去相通，無有差別，如真實之義而來，諸佛乘真如實道而成正覺，而在三界弘法説經，如法知、如法説，遠離虛妄妄説，故名如來。

2. 應供：應於人、天之供。如來諸過悉已斷盡，福田清净，我們供養佛，佛當之無愧。

3. 正遍知：亦稱正遍覺、正遍智。真正地遍知一切法，又解釋爲：佛遠離顛倒夢想，以正思維，正確無誤的遍知一切法，言其博學、通達，無所不知且有正確的見解，没有荒謬與錯誤。

4. 明行足：梵名婢多遮羅那三般那。"明"指無量光明，無與倫比的光明，只有佛才能達到的最高成就。"行"是足義，指要得到無上正等正覺，必須依靠行動，修行。修行時，必須借助於戒、定、慧三學，佛法將此比喻成人類行路之足，如果不能因戒生定，因定生慧，便不能證得無上正等正覺，佛已纍劫修行三學"依般若波羅蜜多故，得阿耨多羅三藐三菩提。"所以稱明行足。另一解釋是：明者，是佛已證得宿命通、天眼通、漏盡通三明。"行"是指身、口、意三業清净圓滿，"足"是滿足。

5. 善逝世間解："善逝"，又曰"好去"，與如來對應。如來是乘真如實理而來娑婆世界度化眾生。善逝是脱離生死輪回之苦海，究竟涅槃。"世間解"，世間一切事情佛都能了解，都能以佛法進行解釋，詮説。

6. 無上士：最勝最尊，没有可以超越者。無上，説在佛（覺者）之上再没有更高的果位，佛是覺悟的最高成果獲得者。

7. 調禦丈夫：調禦，即度化，對於愚劣頑冥者，帶有調伏，馴伏的意義。整個的稱呼是説佛可以以大慈、大悲、大智度化人間的"丈夫"，有時用柔軟美妙的語言，有時苦口婆心，有時也爲方便而用雜語，有時現憤怒相…… 這裏的"丈夫"，不是指男女婚姻而形成的家庭男主人，也不是專指男人，而是指敢於告別諸漏煩惱、敢於勤修六度四攝、敢於舍弃人間諸欲而走向追求涅槃之路的具有"丈夫心"的人。佛也度女人，但必須是女中丈夫，敢斷能斷諸漏者，而那種悲悲切切、纏綿悱惻、婆婆媽媽、欲壑難填、貪得無厭的人，無論男女均不可稱"丈夫"，也是難以調禦的。

8. 天人師：佛爲六道中天與人的導師，所以我們常稱釋迦牟尼佛爲"本師"，而自稱佛弟子。

9. 佛：前面講過，佛就是"覺"、"覺悟"之意。凡爲眾生，人也好，動物也好，都具有佛性，但平時被種種無明毒火所障蓋，自己不能覺知。惟皈依三寶，努力精進，勤修三學、六度、四攝，才能在通往"覺"的路上逐次取得成就。"覺"，猶如一個處在黑暗中的人，身邊本有竊賊，但初始没有發現，有了光明，突然發現竊賊，便是察覺；另如有人在夢中遇到惡人惡鬼會害怕，遇到各種欲望能够滿足，也會沾沾自喜，等到醒來，才知覺是"南柯一夢"，一切都是虛幻不實，一切都不可得。所以"覺"，又是覺悟之義，清醒之義。"朗然大悟、如睡得寤"，故名爲覺。

10. 世尊：梵語路迦那他，世尊是"世人尊仰之義"，世尊，所以爲尊，是因佛纍劫修行，具備一切美德和不可戰勝的妙智，功德圓滿，故受一切天、人的敬仰。

二十九、三十二相

此三十二相，不限於佛，總爲大人之相也。具此相者在家爲輪王，出家則開無上覺。是爲天竺國人相説。《智度論》卷八十八曰："隨此間閻浮提中天竺國人所好，則爲現三十二相。天竺國中人於今故沉肩髆令厚大，頭上皆有結爲好。如人相中説，五處長爲好，耳、鼻、舌、臂、指、髀、手、足相，若輪，若蓮花，若貝，若日月。是故佛手足有千輻輪，纖長指，鼻高好、舌廣長而薄，如是等皆勝於先所貴，故起恭敬心。"佛感此相者，由於百劫之間，一一之相，積百種之福。

關於三十二相名稱之順序，各有異説，今依《大智度論》卷四所載：

一、足下安平立相：又作足下平滿相，兩足掌下皆悉平滿相。係佛於因位行菩薩道時，修六波羅蜜所感得之妙相，此相表引導利益之德。

二、足下二輪相：又作千輻輪相。即足心現一千輻輪寶之肉紋相。此相能摧伏怨敵、惡魔，表照破愚痴與無明之德。或謂（足）亦指手足，故又稱手足輪相、手掌輪相。

三、長指相：又作指纖長相，指長好相，纖長指相。即兩手，兩足皆纖長端直之相，係由恭敬禮拜諸師長，破除憍慢心所感得之相，表壽命長遠，令衆生受樂皈依之德。

四、足跟廣平相：又作足跟圓滿相、足跟長相、腳跟長相。即足踵圓滿廣平，係由持戒、聞法，勤修行業而得之相，表化益盡未來際一切衆生之德。

五、手足指縵網相：又作指間雁王相、俱有網鞔相、指網鰻相。即手足一一指間，皆有縵網交互連絡之紋樣，如雁王張指則現，不張則不現。此相乃由修四攝法，攝持衆生而生。能出没自在無礙，表離煩惱惡業，至無爲彼岸之德。

六、手足柔軟相：又作手足如兜羅綿相、手足細軟相。即手足極柔軟，如細劫波毳之相。係以上妙飲食，衣具供養師長，或於父母師長病時，親手爲其拭洗等奉事供養而感德之相，表佛以慈悲柔軟之手攝取親疏之德。

七、足趺高滿相：又作足趺隆起相、足趺端厚相、足趺高平相。即足背高起圓滿之相。乃佛於因位修福、勇猛精進感得之相，表利益衆生，大悲無上之內德。

八、伊泥延踹相：又作腨如鹿王相、鹿王相、兩鹿王相。即股骨如鹿王之纖圓，係往日專心聞法，演説所感得之相，表一切罪障消滅之德。

九、正立手摩膝相：又作垂手過膝相、手過膝相、平住手過膝相。即立正時，兩手垂下，長可越膝。此相係由離我慢、好惠施、不貪著所感得，表降服一切惡魔，哀愍摩頂衆生之德。

十、陰藏相：又作馬陰藏相、陰馬藏相、象馬藏相。即男根密隱於體內如馬陰（或象陰）之相。此相係由斷除邪淫，救護怖畏之衆生等而感得，表壽命長遠，得多弟子之德。

十一、身廣長等相：又作身縱廣等如尼拘樹相、圓身相、尼俱盧陀身相。指佛身縱廣左右上下，其量全等，周匝圓滿，如尼拘律樹。以其常勸衆生行三昧，作無畏施而感此妙相，表無上法王尊貴自在之德。

十二、毛上向相：又作毛上旋相、身毛右旋相。即佛一切毛髮，由頭至足皆右旋。其色紺青、柔潤。此相由行一切善法而有，能令瞻仰之衆生，心生歡喜，獲益無量。

十三、一一孔一毛生相：又作毛孔一毛相、孔生一毛相、一一毛相、一孔一毛不相雜亂相。即一孔各生一毛，其色青琉璃色，一一毛孔皆出微妙香氣。乃由尊重、供養一切有情，教人不倦，親近智者，掃治棘刺道路所感之妙相，蒙其光者，悉能消滅二十劫罪障。

十四、金色相：又作真妙金色相、金色身相、身皮金色相。指佛身及手足悉爲真金色，如衆寶莊嚴之妙金色臺。此相係以離諸忿恚，慈眼顧視衆生而感得。此德相能令瞻仰之衆生厭舍愛樂，滅罪生善。

十五、丈光相：又作常光一尋相、圓光一尋相、身光面各一丈相。即佛之身光任運普照三千世界，四面各有一丈。此相以發大菩提心，修無量行願而有，能除惑破障，表一切志願皆能滿足之德。

十六、細薄皮相：又作皮膚細軟相、身皮細滑塵垢不著相。即皮膚細薄、潤澤、一切塵垢不染。係以清净之衣具、房舍、樓閣等施與衆生，遠離惡人，親近智者所感得之相，表佛之平等無垢，以大慈悲化益衆生之德。

十七、七處隆滿相：又作七處滿肩相、七處隆相。指兩手、兩足下、兩肩、頸項等七處之肉皆隆滿、柔軟。此相係由不惜舍己愛之物施予衆生而感得，表一切衆生得以滅罪生善之德。

十八、兩腋下隆滿相：又作腋下平滿相、肩膊圓滿相。即佛兩腋下之骨肉圓滿不虛。係佛予衆生醫藥、飯食，又自能看病所感之妙德。

十九、上身如獅子相：又作上身相、獅子身相、身如獅子相。指佛之上半身廣大，行住坐卧威容端嚴，一如獅子王。係佛於無量世界中，未曾兩舌，教人善法，行仁和，遠離我慢而感得此相，表威容高貴，慈悲滿足之德。

二十、大直身相：又作身廣洪直相、廣洪直相、大人直身相。謂於一切人中佛身最大且直。乃以施藥看病、戒殺、盜竊，遠離憍慢所感；能令見聞之衆生止苦，得正念，修十善行。

二十一、肩圓好相：佛的兩肩圓滿，十分綏舒滑順。係由造像、建塔、施無畏所感得。

二十二、四十齒相：又作口四十齒相、具四十齒相。指佛具有四十齒，一一皆齊等，平滿如白雪。此相係由遠離兩舌、惡口、恚心，修習平等慈悲而感得，常出清净妙香；此一妙相能制止衆生之惡口業，滅無量罪，受無量樂。

二十三、齒齊相：又作齒密齊平相、諸齒齊密相。即諸齒皆不粗不細，齒間密接而不容一毫。係以十善法化益衆生，復常稱揚他人功德所感之相，表能得清净和順，同心眷屬之德。

二十四、牙白相：又作四牙白净相、齒白如雪相。即四十齒外，上下亦各有二齒，其色鮮白光潔，銳利如鋒，堅固如金剛。係以常思惟善法，修慈而感得此相。此妙相能摧破一切衆生強盛堅固之三毒。

二十五、獅子頰相：又作頰車相、頰車如獅子相。即兩頰隆滿如獅子頰。見此相者，得除滅百劫生死之罪，面見諸佛。

二十六、味中得上味相：又作得上味相、常得上味相、知味味相。指佛口常得諸味中之最上味。此係由見衆生如一子，復以諸善法回向菩提感得之相，表佛之妙法能滿足衆生志願之德。

二十七、大舌相：又作廣長舌相、舌廣博相、舌軟薄相。即舌頭廣長薄軟，伸展則可覆至髮際。係發弘誓願心，以大悲行回向法界而感之相；觀此相，則滅百億八萬四千劫生死罪，而得值遇八十億之諸佛菩薩授記。

二十八、梵聲相：又作梵音相、聲如梵王相。即佛清净之梵音，洪聲圓滿，如天鼓響，亦如迦陵頻伽之音。乃由説實語、美語，製守一切惡言所得之相；聞者隨其根器而得益生善，大小權實亦得惑斷疑消。

二十九、真青眼相：又作紺青色相、目紺青相、紺眼相、紺青眼相、蓮目相。即佛眼紺青，如青蓮花。係由生生世世以慈心慈眼及歡喜心施予乞者所感得之相。

三十、牛眼睫相：又作眼睫如牛王相、眼如牛王相、牛王睫相。指睫毛整齊而不雜亂。此相係由觀一切衆生如父母，以思一子之心憐憫愛護而感得。

三十一、頂髻相：又作頂上肉髻相、肉髻相、烏瑟膩沙相。即頂上有肉，隆起如髻形之相。係由教人受持十善法，自亦受持而感得之相。

三十二、白毛相：又作白毫相、眉間毫相。即兩眉之間有白毫，柔軟如兜羅綿，長一丈五尺，右旋而卷收，以其常放光，故稱豪光、眉間光。因見衆生修三學而稱揚讚嘆遂感此妙相。

以上三十二相，行百善乃得一妙相，稱爲“百福莊嚴”。

三十、佛的八十種相好

八十種隨形好，又稱八十種好。這是佛陀特有的特征，於三十二相又做進一步具體的詮釋。

1.無見頂相，佛頂上之肉髻，因仰之愈高，無能見之。此處所説之"頂上肉髻"應爲髮旋，因佛頂有肉髻，而佛身高大，衆人仰視，則見不到髮旋。

2.鼻高不現孔。

3.眉如初月。

4.耳輪垂埵。佛耳耳輪下垂，耳輪大圓且下垂爲福相。

5.身堅實如那羅延。那羅延是護法天名，天力士，起身端正，猛健，堅固，又譯作"金剛"。阿彌陀佛曾在他發出的四十八願之第二十六願中云："設我得佛國中菩薩不得金剛那羅延身者不取正覺。"即爲願往生極樂之人，皆得那羅延之金剛堅固之身。

6.骨際如鈎鎖。此爲佛之筋腱强力，骨無離析，亦是堅固、猛健狀。

7.身一時回旋如象王。此爲佛之行動舒緩穩重，壓正威嚴。

8.行時足去地四寸而現印紋路。佛在行走時，足離地面四寸，但地面上有佛足之印紋。

9.爪如赤銅色、薄而潤澤。爪即指甲、趾甲。指與趾遠離心髒，多微細血管，健康的成人微循環正常，指甲與趾甲均爲妃紅色，微循環不正常的血流受阻，爪呈紫色或偏青色。佛是天人導師，道果早成，故爪爲赤銅色。亮而潤澤，身心皆得解脱之征也。

10.膝骨堅而圓好。

11.身清潔。

12.身柔軟。

13.身不屈。

14.指圓而纖細。

15.指紋覆藏。

16.脉深不現，一般凡夫男子皮膚下的血管突出，佛則豐腴、圓潤，無血脉突出之相。

17.踝不現，脚踝不突出。

18.身潤澤。

19.身自持，不逶迤，具足四威儀。

20.身滿足。

21.容儀備足。

22.容儀滿足。

23.住處安，無能動者。

24.威震一切。

25.一切衆生見之而樂。

26.面不長大。

27.正容貌而色不撓。

28.面具滿足。

29.唇如頻婆果之色。頻婆果爲印度一種頻婆樹之果實，漢地以朱砂爲佛之唇色。

30.言音深遠。

31.臍深而圓好。

32.毛右旋。

33.手足滿足。

34.手足如意。

35.手紋明直。

36.手紋長。

37.手紋不斷。

38.一切惡心之衆生，見者和悦。

39. 面廣而殊好。

40. 面净滿如月。

41. 隨衆生之意和悦與語。

42. 自毛孔出香氣。

43. 自口出無上香。

44. 儀容如獅子。

45. 進止如象王。

46. 行相如鵝王。

47. 頭如摩陀那果。摩陀那，又稱莫達那"Madana"，植物名，意譯爲"醉果"，其形如檳榔。

48. 一切之聲分具足。

49. 四牙白利。

50. 舌色赤。

51. 舌薄。

52. 毛紅色。

53. 毛軟净。

54. 眼廣長。

55. 死門之相具。

56. 手足赤白，如蓮花之色。此指手心、足心之色，因三十二相中有"身金色"相，故此處指手、足心，藏密畫法，將手、足心爲朱砂色，如蓮花。

57. 臍不出。

58. 腹不現。

59. 細腹。

60. 身不傾動。

61. 身持重。

62. 其身大。

63. 身長。

64. 手足軟净滑澤。

65. 四邊之光長一丈。

66. 光照身而行。佛行寰宇不必照明，身光熾然明亮，自照身而行。

67. 等視衆生。此用現代語言解釋即無架子，無傲慢相，視衆生平等，和藹、慈祥、莊重。

68. 不輕衆生。

69. 隨衆生之音聲，不增不减。

70. 説法不着。佛説法不著相，釋迦牟尼佛弘法四十九年，但他在《金剛經》中説："若人言，如來有所説法，即爲謗佛，不能解我所説故。""若菩薩有我相、人相、衆生相、壽者相，即非菩薩。"

71. 隨衆生之語言而説法。

72. 發音應衆聲。

73. 次第以因緣説法。

74. 一切衆生觀相不能盡。

75. 觀不厭足。

76. 髮長好。

77. 髮不亂。

78. 髮旋好。此指的髮爲曲髮，卷曲好。

79. 髮色如青珠。

80. 手足及胸臆前俱喜旋德相。對此條，各經典及宗派説法不同。《佛學大辭典》説："手足爲有德之相。"《佛光大辭典》説："手足及胸臆前，俱有吉祥喜旋德相（即卍字）。"

圖版目錄

圖版目錄

圖版目錄

圖版目録